7つの LESSON でたのしく学べる
あみぐるみ 基本のきほん

はじめに

あみぐるみは、編みものが苦手なかたも含めて、
だれが作ってもかわいくできあがっちゃう手芸です。

この本は、そんなあみぐるみを作る前段階の
かぎ針編みの基本からスタートし、
LESSON 1〜7まで順序よく学ぶことで
いろいろなタイプのあみぐるみが作れるようになります。

これからあみぐるみを始める人の最初の一歩に寄り添いながら、
今までたくさん作ってきた人に伝えたいポイントも詰め込みました。

そんな"あったらいいな"と"こだわり"を
シンプルなあみぐるみたちの中に思いつく限り盛り込んでいます。

この本をきっかけに、
あみぐるみ製作の幅が広がっていくことを楽しみにしています。

いちかわみゆき

CONTENTS

INDEX

基本のテクニック

本の中にある見出しや**赤字**で示したテクニックは、以下のページを参照してください。

この本では、わかりやすくするために実際の作品の使用糸とは異なる糸で編み方の説明をしています。

◇◇◇◇ 用具と材料

あみぐるみ作りに必要な基本の用具と材料を紹介します。

かぎ針

先端がかぎ状に曲がっている針で、かぎ部分に糸を引っかけて編みます。数字が大きくなるほど太くなります。詳しくは8ページ参照。

とじ針

針の先端が丸みを帯びている針で、毛糸を通してパーツをとじはぎするときに使います。この本では目や鼻の刺繍にも使用します。

ニット用まち針

パーツどうしを仮どめするときや、目や鼻の位置を決めるときに使います。

はさみ

糸を切るときに使います。小回りが利いて、よく切れる小さめのはさみがおすすめです。

ステッチマーカー

目数を数えるときや編み方が変わるポイントの編み目につけて、目印にします。

ピンセット

手芸わたを詰めるときに使います。細いうでやあしの先などにも詰めやすいのでおすすめです。

目打ち

わた詰めの際に、手芸わたをほぐしながら形を整えるときに使います。

ニッティングスレダー

とじ針に毛糸を通すときにあると便利です。使い方は8ページ参照。

リッパー

とじた糸や刺繍を切ってほどくときに使います。

メジャー

パーツの長さや大きさをはかるときに使います。

手芸用ボンド

ぼんてんなどを接着するときや、刺繍糸を固めてはりをもたせるときにも使い、乾くと透明になります。

多用途接着剤

プラスチックやパーツをしっかりつけたいときに使います。

ウール糸
軽くてあたたかみのある
ウールの糸。

モヘア
ふんわりと起毛した毛
糸で、編上りもふわふ
わになる糸。

モールヤーン
編み地がなめらかな手
触りになるモール状の
糸。

糸
ウール、コットンなど
の素材の違いと、同
じ素材でも糸の太さや
風合いなどを作品に
合わせて選びます。

コットン糸
この本では目や鼻の刺
繍にも使っています。

段染め糸
グラデーションで色が
切り替わる糸。

ループヤーン
編上りがもこもこになる
ループ状の加工を施し
た変り糸。

25番刺繍糸

ラメ刺繍糸

刺繍糸
目や鼻の刺繍用だけ
ではなく、40ページ
のミニみつばちのよう
に編み糸としても
使用できます。

手芸わた
編み上がったパーツの中
に詰めるポリエステル素
材のわた。

ぼんてん
鼻などに使う手芸用
のパーツ。手芸用ボン
ドで貼りつけて使
います。

5

LESSON 0

かぎ針編みの基本を知る

ちょうちょの編み方を学びながら、
かぎ針編みの基本をマスターしましょう！

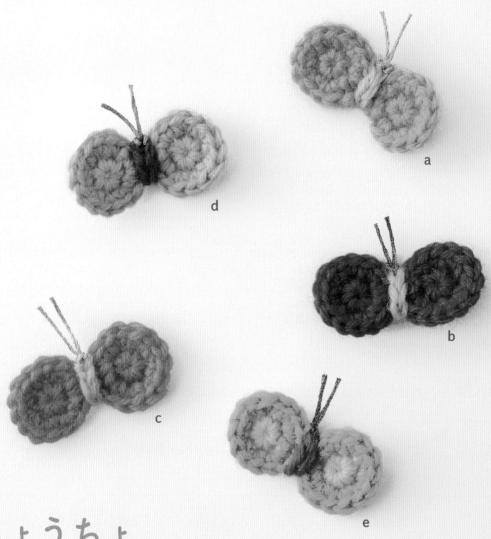

ちょうちょ

円形を2枚編んでかがりつけ、
中心に鎖編みのからだをつけました。
触覚はラメの刺繍糸で作りました。

作り方 ➡ 9ページ
サイズ　縦2.5cm×横5cm

◇◇◇◇ あみぐるみを編み始める前に

かぎ針編みのあみぐるみ作りに必要な基本の用語を紹介します。

鎖編み

目数
編み目は1目、2目と数えます。

編み図

編み始め　　編終り

編む手順と編み方を記した図。左の図は鎖編み5目を表わしています。その他、細編み、引抜き編みなどの編み方も記号で表わします。

〈 編み目がゆるい 〉

〈 編み目がきつい 〉

編み目は、手加減でゆるくなったりきつくなったりします。「手がゆるい」「手がきつい」とも言います。かぎ針の号数を変えることで調整もできます。

細編み

編み地・表

編み地・裏

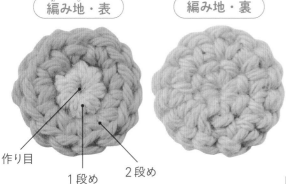

作り目
1段め
2段め

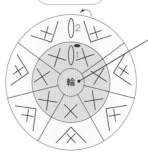

編み図

作り目
円形に編むときは**輪の作り目**を作ってからスタートします。

 細編み2目編み入れる（→16ページ参照）

 引抜き編み（→15ページ参照）

作り方

はね2枚

からだ

完成！

詳しい作り方→9ページ参照

編み地の名称

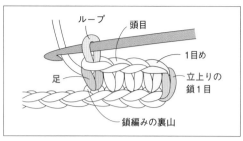

編み地の部位にはそれぞれ名称があり、「裏山を拾う」「頭目を拾う」などのように使います。

〈 立上りの鎖について 〉

細編み
立上りの鎖は1目。これは目数に含めません。

中長編み
立上りの鎖は2目。これが1目めとなります。

長編み
立上りの鎖は3目。これが1目めとなります。

かぎ針の号数

かぎ針の号数は数字が大きいほど太くなります。レース針と混同しないように数字の後ろには「/0」がつき、5/0号と読みます。

針の号数がわからない糸を編むときは、糸をかけてみて無理なく引っかかる針を選びます。

毛糸のラベル

ラベルの中の「5/0」「6/0」といった数字を見て針選びの参考にします。その他、素材や取扱い方法も明記されています。

とじ針について

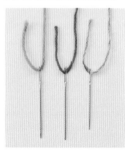

とじ針は通したい糸が通る大きさの穴の針を選びましょう。この本では刺繍もとじ針を使います。

〈 スレダーを使った糸の通し方 〉

❶ 針穴にスレダーの先を通します。

❷ スレダーの穴に糸を通します。

❸ スレダーを針から外します。

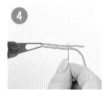
❹ 糸が通りました。

〈 スレダーを使わない糸の通し方 〉

❶ 縦にした糸端の上に針穴をかぶせます。

❷ 糸をよるように指の腹の上で針を左右に動かします。

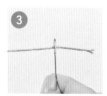
❸ 針穴から出てきた糸の先をつまんで引き出します。

ちょうちょ <small>(6ページ)</small>

詳しい作り方は 10～19 ページ参照

〈使用糸〉

パピー シェットランド
a オレンジ (43) …… 1g　黄緑 (48) …… 30cm
b えんじ (23) …… 1g　山吹色 (54) …… 30cm
c ローズ (58) …… 1g　山吹色 (54) …… 30cm
d 水色 (9)、うす紫 (37) …… 各1g　えんじ (23) …… 30cm
e 黄色 (39)、ターコイズ (52) …… 各1g　濃オレンジ (25) …… 30cm

〈その他の材料〉

DMC ライトエフェクト
a 水色 (E334)　　　b ブロンズ (E301)
c ゴールド (E3821)　d ターコイズ (E3849)
e シルバー (E317)

〈用具〉

6/0号かぎ針

> かぎ針以外の4ペー
> ジにある基本の用具
> は省略しています。

〈作り方〉

① 鎖編みでからだを編む。
② 輪の作り目を作ってはねを2枚編む。
③ 2枚のはねをかがる。
④ はねにからだをつける。
⑤ 触覚をつける。

> 糸の量は目安です。
> 少し余分に用意し
> ましょう。

> 指定の色の糸
> で編みます。

> 指定がない場合、
> 編む枚数は1枚。

はね（a・b・c 共通）（2枚）

　a オレンジ　b えんじ　c ローズ

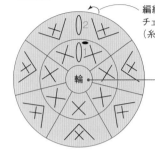

編終りは
チェーンつなぎ
（糸端を20cm残す）

輪の作り目で
編み始めます。

> 目数表は段ごと
> の目数と増減を
> 表わします。

段	目数	目数の増減
2	14	7目増す
1	7	輪の中に細編み

> 写真を参考にしてパーツのつ
> け方などの仕上げ方を解説し
> ています。

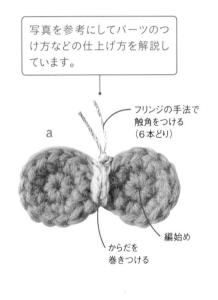

a

フリンジの手法で
触角をつける
（6本どり）

からだを
巻きつける

編始め

d　はね（2枚）

　水色　　　うす紫

e　はね（2枚）

　黄色　　　ターコイズ

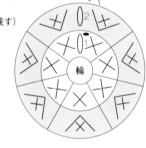

編終りは
チェーンつなぎ
（糸端を20cm残す）

からだ（a・b・c・d・e 共通）

　a 黄緑　b 山吹色　c 山吹色　d えんじ　e 濃オレンジ

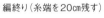

編始め（糸端を20cm残す）

編終り（糸端を20cm残す）

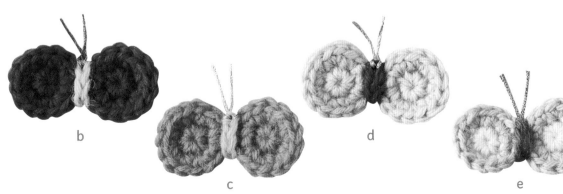

b

c

d

e

LESSON ⓪ かぎ針編みの基本を知る

◇◇◇◇ ちょうちょを作りましょう

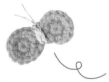

かぎ針の持ち方 〉 持ち方は人それぞれなので慣れた持ち方でかまいません。

基本の持ち方

親指と人さし指で持ち、中指を軸の後ろ側に当てて支えます。しっかりと持つことができます。

えんぴつ持ち

えんぴつを持つように握ります。

ナイフ持ち

かぎ針の上から握るように持ちます。ジャンボ針などを使う場合に編みやすい方法です。

左利きの場合

鏡を見るように左右を反転した持ち方で編みます。編み図は右利き用なので、コピー機で左右反転することで編みやすくなります。

\ POINT! /

糸にはよりがかけられていますが、右手で編んだときと左手で編んだときではよりがゆるくなったりきつくなったりと、仕上りに少し違いが出ることがあります。

糸の持ち方 〉

糸端

糸端は 10 ～ 15cm ほど残して薬指と小指の間にはさみ、人さし指に糸をかけて親指と中指でつまみます。人さし指で糸をぴんと張るようにしましょう。

鎖編みの編始め 〉

1 かぎ針を糸の向う側に当て、かぎ針を1周させて糸を巻きつけます。

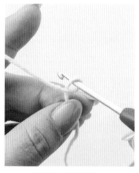

2 糸と糸が交差しているところを押さえて、持ち直します。

 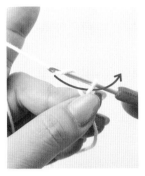  

3 糸の下をくぐらせるようにかぎ針を動かして糸にかけます。

4 かけた糸をかぎ針にかかったループの中から引き出します。

5 糸端を下に引き、編み目を引き締めます。

6 鎖編みの編始めができました。この目は目数には含めません。

ちょうちょのからだを編む

 鎖編み5目

1 糸の下をくぐらせるようにかぎ針を動かして糸にかけます。

2 かけた糸をループの中から引き出します。

3 これで鎖編みが1目編めました。

4 1〜2をあと4回繰り返して鎖編みを全部で5目編みます。

鎖どめ（くさり）

> 残す糸の長さは、パーツのとりつけ方によって変わります。

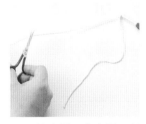  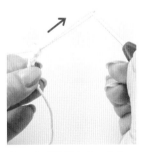 

1 始末用の糸を10cmほど残して糸を切ります。

2 鎖編みを1目編みます。

3 かぎ針にかかったループを大きく引きのばして糸端を抜きます。

4 糸端を引き締めて鎖どめが完成しました。これで編み目がほどけなくなりました。

輪の作り目を作る

ご紹介する「2重の輪の作り目」は、日本あみぐるみ協会で考案・推奨している方法です。

輪 2重の輪の作り目

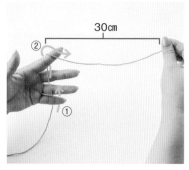

1 右手で糸端をつまんで持ち、小指と薬指の間から糸を出し（①）、人さし指にかけます（②）。糸端は30cmとります。

2 人さし指から下の糸は中指と薬指の後ろに回します（③）。

3 糸を中指と薬指に2回巻きつけます。

4 糸端を薬指と小指の間にはさみます。

5 左手の中指・薬指・小指を折り曲げます。糸かけが終わりました。

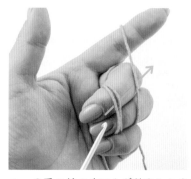

6 2重の輪の中にかぎ針を入れます。

かぎ針が必ず糸の下を通るように！

7 人さし指にかかっている糸にかぎ針をかけます。

8 2重の輪から糸を引き抜きます。

9 引き抜き終わりました。輪の作り目ができ上がりました。

立上り（たちあが）の鎖編み

◯ 鎖編み

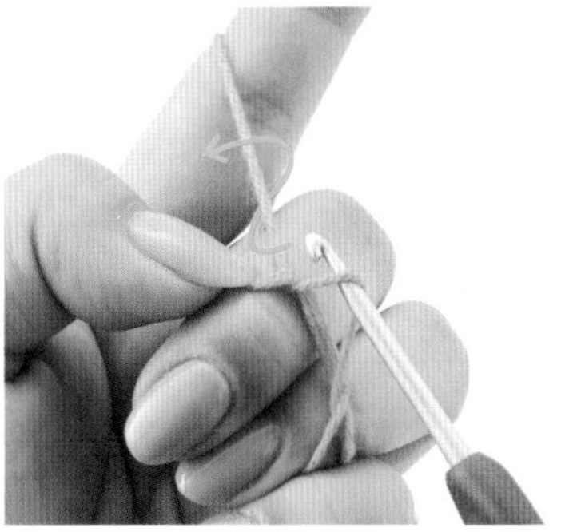

1 人さし指にかかっている糸にかぎ針をかけます。

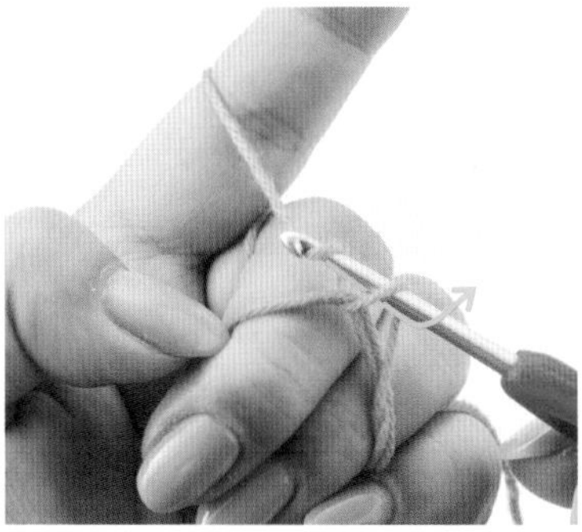

2 糸を引き抜きます。

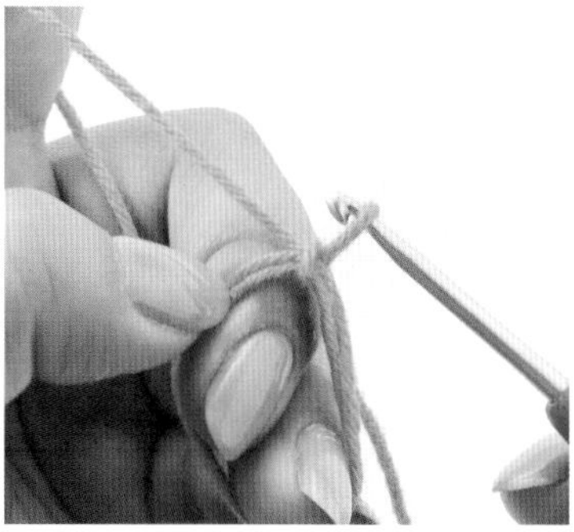

3 立上りの鎖編みが1目編めました。

1段めは細編みを7目編む

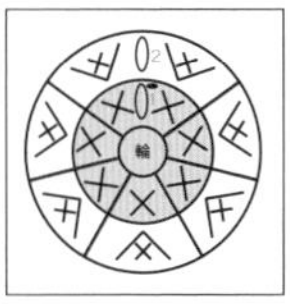

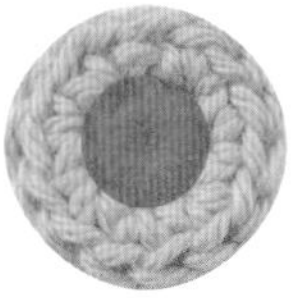

× 細編み

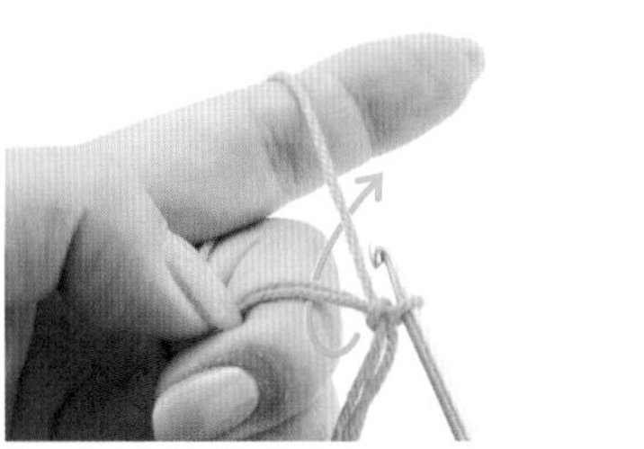

1 2重の輪の中にかぎ針を入れます。

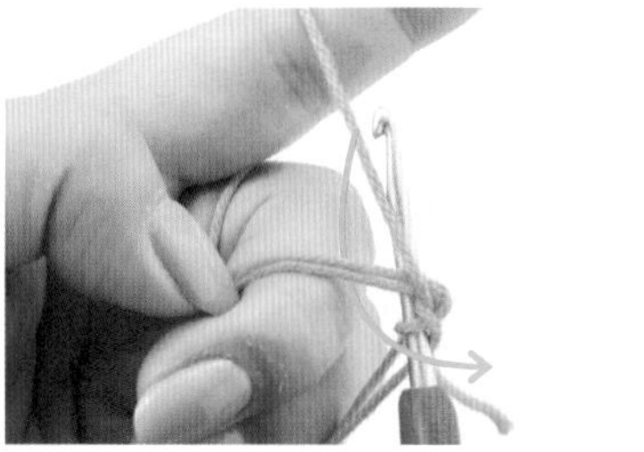

2 糸にかぎ針をかけて輪の中から引き出します。

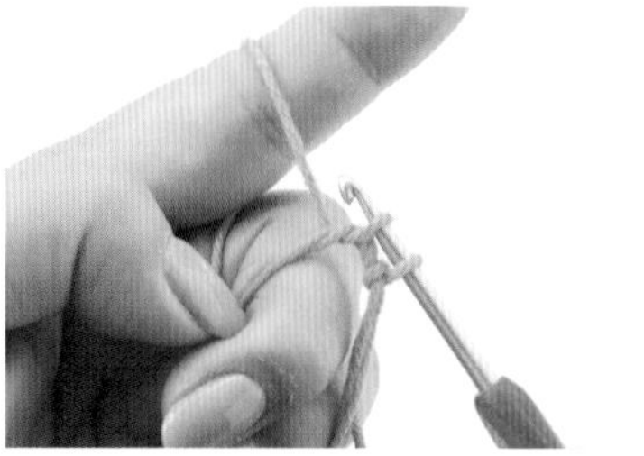

3 かぎ針にかかっているループが2本になりました。

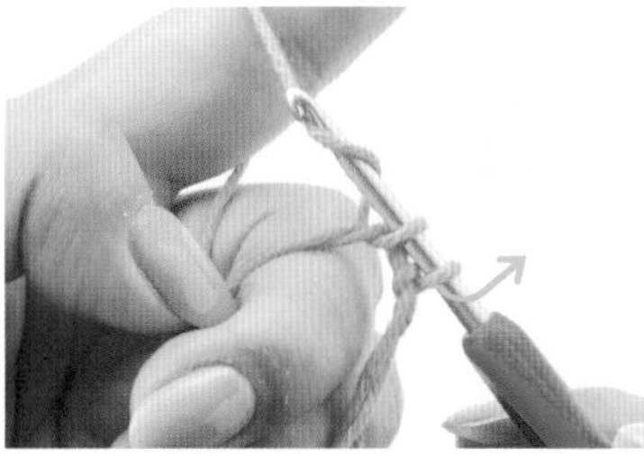

4 さらに糸にかぎ針をかけ、2本のループの中をくぐらせて一度に引き抜きます。

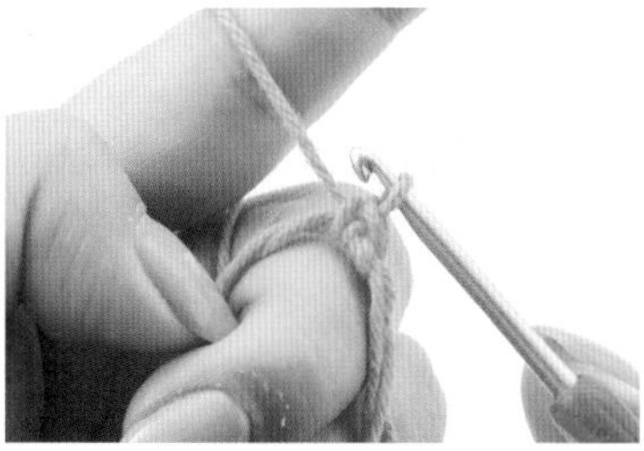

5 細編みが1目編めました。

＼POINT!／

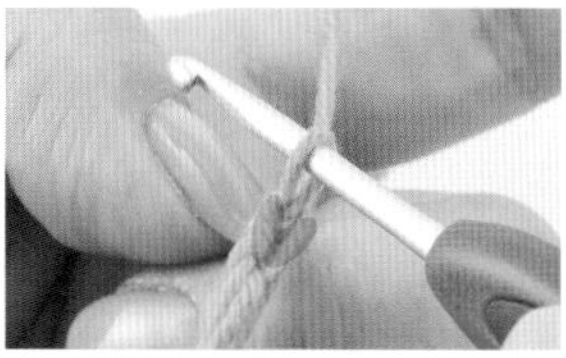

完成した細編みを上から見たところ。この2本の糸が頭目です（→8ページ参照）。

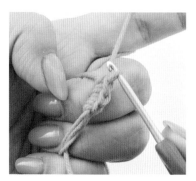

6 　1〜5を繰り返して細編みを編みます。

7 　細編みが7目編めました。

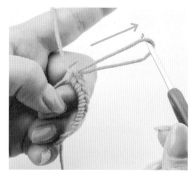

8 　編んだ目がほどけないように、かぎ針にかかっているループを大きく引きのばしておきます。

輪を縮める

1 　細編みの編始め側を押さえ、糸端を引きます。

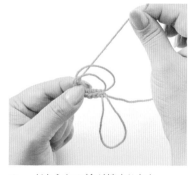

2 　どちらかの輪が縮まります。

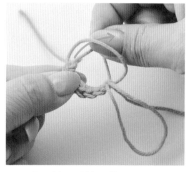

3 　2で縮んだ輪を持ち、編始め側を引きます。

4 　もう一方の輪が縮んで見えなくなります。

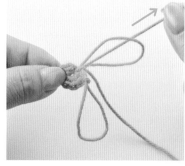

5 　再び糸端を引き、残った輪を引き締めます。

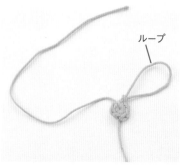

ループ

6 　2重の輪が縮まりました。ループにかぎ針を戻して糸を引き、ループを縮めます。

引抜き編みをする | この本では編み目が目立ちにくい引抜き編みをしています。

（ひきぬきあみ）

⬛ 引抜き編み

1　1目めの頭目の手前の1本（半目）にかぎ針を入れます。

2　糸にかぎ針をかけます。

3　かぎ針にかかっている頭目とループの中を一度に引き抜きます。

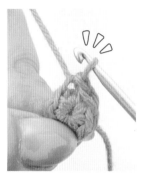

4　引抜き編みが編めました。1段めが編めました。

編み目が目立たない引抜き編み

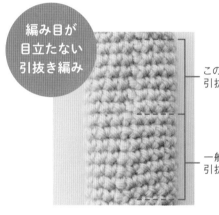

この本の引抜き編み

一般的な引抜き編み

\ P O I N T ! /

一般的な引抜き編み　　この本の引抜き編み

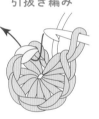

引抜き編みは頭目の2本を拾うのが一般的ですが、手前の1本（半目）だけを拾うと編み目が目立ちにくくなるので、あみぐるみにおすすめの方法です。

2段めの立上り鎖1目

⬭ 鎖編み

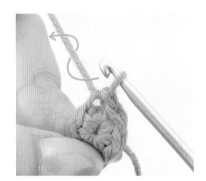

1　糸にかぎ針をかけます。

2　かぎ針にかかっているループから引き抜きます。

3　**立上り**の鎖編みが1目編めました。

細編み2目編み入れる
<ruby>細<rt>こま</rt></ruby><ruby>編<rt>あ</rt></ruby>み<ruby>2<rt>ふた</rt></ruby><ruby>目<rt>め</rt></ruby><ruby>編<rt>あ</rt></ruby>み入れる

1 1目めは、前段の細編みの1目めの頭目2本にかぎ針を入れます。

2 糸にかぎ針をかけて頭目から引き出します。

3 ループが2本かかった状態のまま、さらに糸にかぎ針をかけて2本一度に引き抜きます。

4 細編みが1目編めました。

\ POINT! /

段の編始めをマークする

段の編始めがわからなくならないようにステッチマーカーをつけて目印にします。ここでは1目めの細編みにつけます。

5 2目めは、1目めと同じ1段めの1目めに細編みを編みます。1と同じ位置にかぎ針を入れます。

6 糸にかぎ針をかけて引き出します。

7 さらに糸にかぎ針をかけます。

8 かぎ針にかかったループ2本の中を通して一度に引き抜きます。

9 細編み2目を編み入れ、増し目ができました。

引抜き編みの目には編み入れません。ここに編み入れると目数が増えてしまいます。

引抜き編みの目

10 残りの目にも細編みを2目ずつ編み入れ、全部で14目の細編みが編めました。

チェーンつなぎ | 最後の目と最初の目にチェーンつなぎをすることによって、きれいな円が完成します。

1 20cm残して編終りの糸を切り、かぎ針にかかっているループを引き出して糸を抜きます。

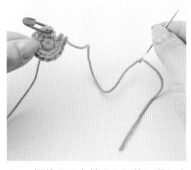

2 編終りの糸端をとじ針に通します。

3 ステッチマーカーをつけておいた1目めの頭目に、とじ針を通します。

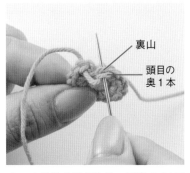

裏山
頭目の奥1本

4 とじ針を引き抜き、最後の14目めの細編みにとじ針を戻します。このとき頭目の奥1本と裏山にとじ針を通します。

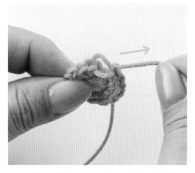

5 隣の頭目の大きさとそろうように糸を引きます。

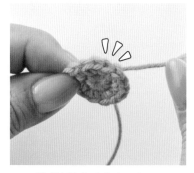

6 鎖が1目分できて、チェーンつなぎが完成しました。

編み地の裏にする糸始末 | 編み地の裏側が見える場合の糸始末の方法です。

1 とじ針で編み地の裏側の糸を3〜4本すくって糸を割ります。

編み地を切らないように注意しましょう!

2 始末した糸端を編み地の際で切ります。

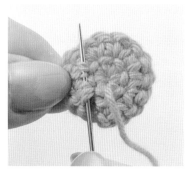

3 編始めの糸端もとじ針に通して同様に、糸が出ている場所のすぐ近くの編み地をすくって糸始末をして編み地の際で糸を切ります。

2枚のはねをかがる　｜　2枚のパーツをかがる方法を紹介します。

わかりやすくするために糸の色を替えています。

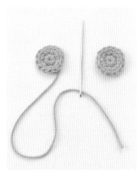

1　もう片方のはねを編みます。1枚は編終りの糸端を始末せずに20cm残しておき、とじ針に通します。

2　編み地を表にして、糸が出ているところの頭目2本をとじ針で拾います。

3　もう1枚のはねも頭目2本を拾い、最初のはねの1目隣の目を拾います。

4　糸を引きます。平らになるように糸を引きすぎないのがこつです。

5　同様に2目め、3目めを交互に拾います。

6　3目分かがり終わりました。

7　とじ針で**編み地の裏側にする糸始末**をします。

8　編み地の際で糸を切り、はねの完成です。

からだをつける　｜　2枚のはねの中心に鎖編みのからだをつけます。

1　2枚をかがったはねに鎖編み1本のからだをつけます。

2　鎖編みの編終りの糸をとじ針に通し、からだを2枚のはねの表側の中心に乗せます。

3　裏に返し、からだの鎖編みの1目めにとじ針を通します。

4　糸を引き、とじ針を抜きます。

5 鎖編みの編始めの糸端をとじ針に通し、編終りの目に通します。

6 糸を引き締めます。

7 糸を2回からげてしっかりと結び、際で糸を切ります。

8 結び目がほどけないように手芸用ボンドをつけて乾かします。

触覚をつける

触覚は**フリンジ**（房飾り）の手法でつけます。

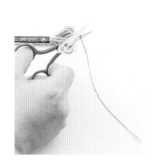

1 刺繍糸を引き出し、15cmで切ります。

2 表側から見て1つめの鎖編みにかぎ針を通し、6本どりの刺繍糸にかけて引き出します。

3 手前の輪の中から糸端をまとめて引き出します。

4 刺繍糸2本をまとめて上に引き、輪を引き締めます。これでフリンジが完成。

5 6本どりの刺繍糸をまとめるために、手芸用ボンドを塗って固めます。

6 指でならしながら、刺繍糸をまっすぐに整えます。

7 乾いたら、1.5cm残して切ります。

8 ちょうちょの完成！

LESSON 1

あみぐるみ上達の第一歩は増し目から。
立体型の基本になる編み方を2種類の
ねこでマスターしましょう！

c

a

b

ちびねこ

増し目で編んでわたを詰める
いちばんかんたんなあみぐるみ。
顔や模様は刺繍で作ります。

作り方 ➡ **22ページ**
サイズ 縦4cm×横6cm

20

ころころねこ

左ページのちびねこを増減なしで長く編むとからだがあるねこに変身！
しっぽは鎖編みの作り目に細編みを1段編んで作ります。

| **作り方** → 23ページ |
| **サイズ** 縦7cm×横6cm |

a   b   c

ちびねこ （20ページ）

詳しい作り方は 24〜28 ページ参照

〈 使用糸 〉

パピー シェットランド
a　うすグレー（7）…3g
b　白（50）…3g
c　黄土色（2）…3g

〈 その他の材料 〉

DMC ハッピーコットン（顔）
a　紫（756）、朱色（790）…各30cm
b　うす緑（780）、オレンジ（792）…各30cm
c　青緑（784）、ピンク（764）…各30cm

DMC 25番刺繡糸（しま模様）
a　グレー（535）
b　オレンジ（3853）

DMC ライトエフェクト（ひげ）
a　ターコイズ（E3849）
b　ゴールド（E3821）
c　ブロンズ（E301）
手芸わた

〈 用具 〉

6/0号かぎ針

〈 作り方 〉

① 本体を編む。
② わたを詰める。
③ 顔を刺繡する。
④ しま模様とひげをつける。

本体（a・b・c共通）

▢ ＝a うすグレー　b 白　c 黄土色

編終り（糸端を20cm残す）

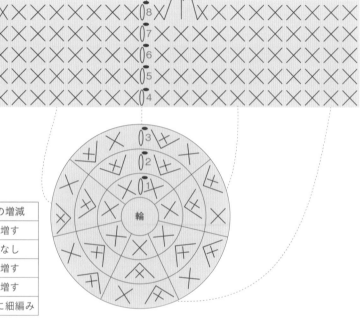

段	目数	目数の増減
8	25	4目増す
4〜7	21	増減なし
3	21	7目増す
2	14	7目増す
1	7	輪の中に細編み

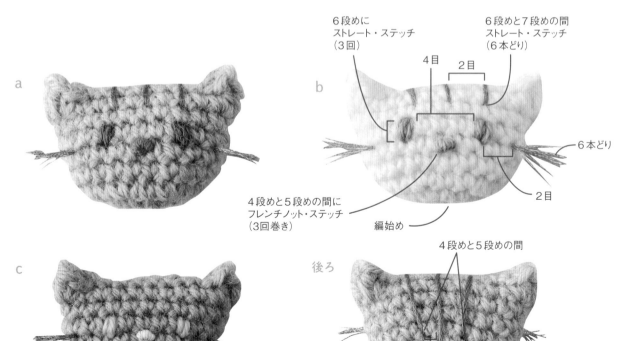

6段めに
ストレート・ステッチ
（3回）

6段めと7段めの間
ストレート・ステッチ
（6本どり）

4目

2目

6本どり

2目

4段めと5段めの間に
フレンチノット・ステッチ
（3回巻き）

編始め

4段めと5段めの間

3段めと
4段めの間

1目

中心

後ろ

a
b
c

ころころねこ <small>(21ページ)</small>

詳しい作り方は 24~31ページ参照

<＜使用糸＞>

パピー シェットランド
a うすグレー（7）‥‥6g
b 白（50）‥‥6g
c 黄土色（2）‥‥6g

<＜その他の材料＞>

DMC ハッピーコットン（顔）
a 紫（756）、朱色（790）‥‥各30cm
b うす緑（780）、オレンジ（792）‥‥各30cm
c 青緑（784）、ピンク（764）‥‥各30cm

DMC 25番刺繍糸（しま模様）
a グレー（535）　　　b オレンジ（3853）

DMC ライトエフェクト（ひげ）
a ターコイズ（E3849）b ゴールド（E3821）
c ブロンズ（E301）
手芸わた

<＜用具＞>

6/0号かぎ針

<＜作り方＞>

① 本体を編む。
② わたを詰める。
③ 顔を刺繍する。
④ しま模様とひげをつける。
⑤ しっぽを編んでつける。

本体（a・b・c共通）

▨ ＝a うすグレー　b 白　c 黄土色

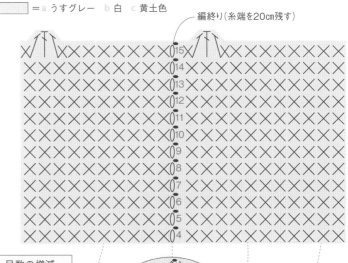

段	目数	目数の増減
15	25	4目増す
4〜14	21	増減なし
3	21	7目増す
2	14	7目増す
1	7	輪の中に細編み

しっぽ（a〜c共通）　▨ ＝a うすグレー　b 白　c 黄土色

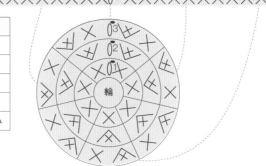

編終り（糸端を20cm残す）
編終り（糸端を20cm残す）　←1

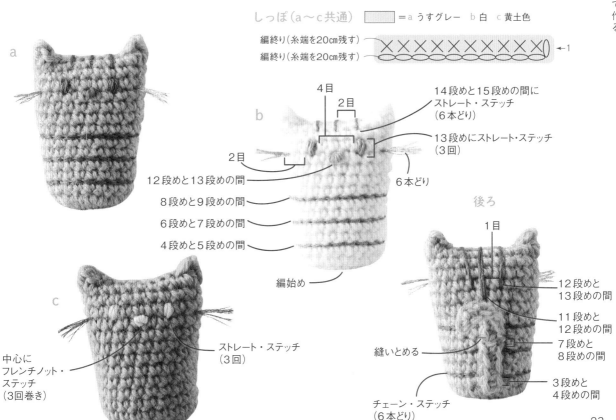

a

b

14段めと15段めの間に
ストレート・ステッチ
（6本どり）

4目
2目

13段めにストレート・ステッチ
（3回）

2目

6本どり

12段めと13段めの間
8段めと9段めの間
6段めと7段めの間
4段めと5段めの間

編始め

後ろ

1目

c

中心に
フレンチノット・
ステッチ
（3回巻き）

ストレート・ステッチ
（3回）

縫いとめる

チェーン・ステッチ
（6本どり）

12段めと
13段めの間
11段めと
12段めの間
7段めと
8段めの間
3段めと
4段めの間

本体を編む 円形に編んだあとに増減なしで編むことで立体的に立ち上がり、筒状になります。

3段めまでは12〜16ページを参考に増し目をしながら編みます。

| X | 増減なしの細編み |

1 増減なしで細編みを4〜7段めまで編みます。5段めの途中まで編んだところ。

2 周囲が立ち上がってくると頭目が拾いにくくなるので編み地を裏返します。裏側に出ている編始めの糸端は、ここで短く切ります。

3 外側が表になり、これで編みやすくなりました。

4 8段めは増減なしで細編みを7目編みます。

| T | 中長編み（ちゅうながあ） |

5 8目めの細編みを編んだところ。糸にかぎ針をかけ、先ほど編んだ細編みと同じ目に入れます。

6 再び糸にかぎ針をかけて、糸を引き出します。

7 糸にかぎ針をかけて3本のループの中を一度に引き抜きます。

8 中長編みが1目編めました。細編みよりも高さのある編み目です。

| T | 長編み（ながあ） |

耳は、細編み1目＋中長編み1目＋長編み1目＋中長編み1目＋細編み1目の計5目で作ります。

9 糸にかぎ針をかけ、8の中長編みの隣の目に入れます。

10 再び糸にかぎ針をかけて、糸を引き出します。

11 糸にかぎ針をかけて2本のループの中を引き抜きます。

12 さらに糸にかぎ針をかけて残りの2本のループの中を一度に引き抜きます。

13 長編みが1目編めました。中長編みよりもさらに高さのある編み目です。

耳

14 続けて隣の目に中長編みを1目と細編みを1目を編み入れます。ねこの耳部分ができました。

耳　　　耳

15 反対側まで増減なしの細編みを編み、再び 5 〜 14 を繰り返してねこの頭が完成しました。糸はかがる分の20cmを残して切り、鎖どめをします。

\ POINT! /
斜行について

段を重ねて編んでいくと、立上りの目が斜めにずれていきます。これを斜行といいます。編み目が下の段の真上ではなく、少し右側にずれることからどうしても斜行は起きます。この本では半目だけを拾う引抜き編み（→15ページ参照）を使うことで、斜行が目立ちません。

わたを詰める　｜　わたを詰めて編み地をとじます。

\ POINT! /
わたをほぐす

1 わたを小さくちぎります。

2 編み地の中にわたを詰めます。奥までしっかり詰めましょう。

わたが固まっている状態で使用すると、形よく仕上がりません。手でほぐしてから詰めましょう。

わかりやすくするために糸の色を替えています。

糸を外側に出す**縫始めの処理**は、**絞りどめ**やパーツをつけるときには必ず行ないます。

3　本体をかがってとじます。とじ針に糸を通し、編終りの手前の頭目に針を入れます。

4　糸が外側に出ました（**縫始めの処理**）。耳部分は飛ばして反対側の頭目にとじ針を通し、糸が出ているところから1つ先の頭目にとじ針を通します。

5　糸を引きます。2針めも同様に1つ先の頭目にとじ針を入れます。糸は1針ずつしっかりと引きます。これを繰り返します。

6〜11までの作業を**糸始末**と呼び、以降は「糸始末をします」と省略します。

6　8目分をかがったら**糸始末**をします。最後の1針は編み地の**糸を割らない**ように、本体のどこかにとじ針を出します。

7　**玉止め**をします。糸が出ているところにとじ針を置き、糸を3回巻きつけたら糸を押さえてとじ針を引き抜きます。

8　玉止めをわたの中に引き込むために、糸が出ている穴にとじ針を入れて遠くに出します。

9　糸端を引っ張り、玉止めを引き込みます。玉止めは見えなくなります。

10　糸が出ている同じ目にとじ針を入れ、再び編み地の遠くに出します。これを2〜3回繰り返します。

11　編み地の際で糸を切ります。糸を引っ張りぎみにして切ると、糸端が中に隠れます。

12　本体が完成しました。

顔を刺繍する
編み地の**糸を割らないように**するために、針の先端が丸いとじ針で刺繍をしています。

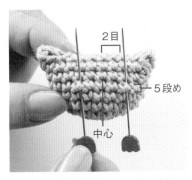

1　目の刺繍位置にまち針を刺して目安にし、**ストレート・ステッチ**を刺します。

2　とじ針に糸を通して玉結び（ページ下参照）をし、目の上の位置から出します。

3　玉結びは糸を引いて編み地の中に引き込みます。細編みの1段分をとじ針ですくいます。

4　糸を引きます。1針刺せました。もう一度同じ位置をすくいます。

5　目の下側にとじ針を入れ、もう片方の目の上側から出します。3針分のストレート・ステッチで片目が刺せました。

6　もう片方の目も3針分のストレート・ステッチを刺し、**糸始末**をします。

＼POINT!／

玉結びのしかた

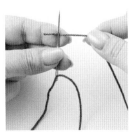

1　糸を必要な長さに切り、針に通します。長いほうの糸端を針に当てて指で押さえます。

2　糸を3回巻きつけます。あみぐるみの場合は編み目が大きいので、3回巻いて大きめの玉結びにします。

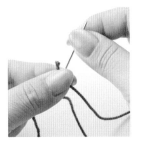

3　巻きつけたところを指で押さえて針を引き抜きます。

4　余分な糸を切ります。玉結びが完成。

中心　5段めと6段めの間

7　鼻は**フレンチノット・ステッチ**で刺します。鼻の位置から糸を出し、とじ針に糸を3回巻きつけます。

8　糸が出ている同じ位置に針を入れ、糸始末をします。

9　顔の刺繍が完成しました。

刺繍糸にもとじ針を使っています。針の先端が丸いので糸を割ることなく刺繍ができます。

しま模様とひげをつける

25番刺繍糸は、6本どりをそのまま針に通して使います。

 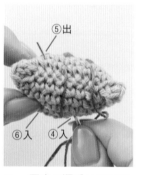  

①出　③出　②入

⑤出　⑥入　④入

1　刺繍糸は6本どりで玉結びをしてから**ストレート・ステッチ**を刺します。

2　写真の順番どおりにとじ針を入れてしま模様を3本刺繍します。

3　糸始末をして、しま模様が完成しました。

4　ひげは玉結びをせずに左側からとじ針を入れ、糸端を残したまま顔の下側にとじ針を出して玉止めをします。

5　同じ編み目にとじ針を入れ、遠くにとじ針を出して玉止めを引き込みます。

6　糸始末の要領で何度かとじ針を出し入れし、右側のひげの位置からとじ針を出します。

7　1.5cm残して刺繍糸を切ります。

8　左側の糸も1.5cm残して切り、ちびねこが完成しました。

ころころねこの模様を刺繍する

ころころねこはちびねこと編み方は同じ。
ここではからだのしま模様としっぽの作り方を紹介します。

ちびねこの増減なしの細編み
を7段多く編むと、からだのあ
るころころねこになります。

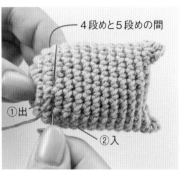

4段めと5段めの間

①出

②入

1 しま模様をチェーン・ステッチ
で刺繍します。6本どりの刺繍
糸で編み目①から針を出し、同
じ位置②に入れて細編み1目分
をすくいます。

2 編み地から出ている糸をとじ針
にかけます。

3 糸を引くとチェーン・ステッチが
1つ完成します。

4 チェーンの内側を通るように再
びとじ針を入れ、細編み1目分
をすくい、糸をとじ針にかけます。
これを繰り返します。

5 チェーンの輪がゆるまないように
1針ごとに糸をきっちり引きます。

6 最後の1針は、最初のチェーン
の糸をすくってとじ針を通します。

7 1針分戻ったチェーンの内側に
針を入れ、糸始末をします。

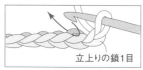

しっぽをつける | しっぽは**鎖編みの作り目**に細編みを編んでいく方法で作ります。

立上りの鎖1目

裏山を拾う 鎖編みの作り目に次の段を編むときは必ず裏山を拾います。

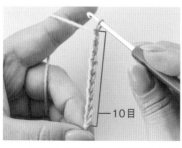

1 糸端を20cm残して**鎖編み**を10目編みます。この鎖編みを作り目と呼びます。

10目

立上りの鎖1目

2 さらに**立上りの鎖編み**を1目編みます。

3 裏山が見えるように編み地の向きを変え、10目めの裏山にかぎ針を入れて細編みを編みます。

4 糸にかけて引き出し、さらに糸にかぎ針をかけて一度に引き抜きます。

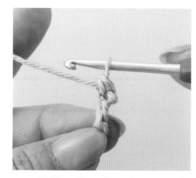

5 細編みが1目編めました。全部で10目分の細編みを編み、**鎖どめ**をします。

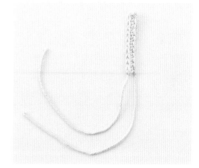

6 しっぽが完成しました。編終りの糸はパーツをつけるために20cm残して切ります。

＼ POINT！ ／

糸を割る・割らない

編み地の裏に糸始末をするとき以外は、糸を割らないようにしましょう。

糸を割る

糸を割った状態

1本の糸の間に針を通すこと。**編み地の裏にする糸始末のときは糸を割る**ことでほどけにくくなります。

糸を割らない

編み目と編み目の間に針を入れます。刺繍や**糸始末や玉止めのあと**に針を抜くときに使います。糸の間に針が通らないようにします。

＼ POINT！ ／

〜を拾うとは？

前段の編み地にかぎ針を入れることを拾うといいます。編み目に針を入れて拾う方法と、鎖編みごとそっくりそのまま拾う「束（そく）に拾う」方法があります。

目を拾う

束に拾う

わかりやすくするために糸の色を替えています。

7 しっぽの表側が見えるようにし、中心に置きます。まち針でとめてもOKです。

4〜7段め

8 残した糸端をとじ針に通し、しっぽつけ位置の編み目に通します。

9 しっぽの鎖編みの頭目をすくいます。

10 糸が出ているところにとじ針を入れます。

11 反対側も同様に縫いとめ、**糸始末**をします。

完成です!

＼ POINT! ／

編み地のカーブについて

編み地は自然にねじれたり反り返ったりする特性があります。ねこのしっぽの場合、このカーブを生かしてつけるとかわいさがアップします。

編み地を平らに仕上げたい場合は、スチーマーを編み地から浮かせて、蒸気を当てます。

編み地をまっすぐ仕上げるには

鎖編みの作り目に対して、次の段の細編みなどがきつすぎたり、ゆるすぎたりすると、編み地が台形になってしまいます。ほどよいバランスで編みましょう。

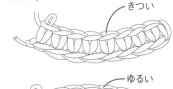

きつい

ゆるい

LESSON 2

増し目と減し目の方法と、
段ごとに色替えをする方法を学びます

レモン・りんご・洋なし

増し目の次は減し目を覚えて、いろいろなフルーツを編みましょう。
葉や枝などのパーツのつけ方がマスターできます。

作り方 ➡ 34ページ
サイズ レモン：縦10cm×横6cm　りんご：縦6cm×横7cm　洋なし：縦10cm×横6cm

32

みつばち

1段編むごとに色を替えて、しましま模様を編みます。
ミニみつばちは同じ編み図で糸を刺繍糸に替えました。

作り方 ➡ みつばち、ミニみつばち：40ページ
クローバー、ミニクローバー：92ページ

サイズ みつばち：縦3.5cm×横5cm　ミニみつばち：縦2cm×横3cm
クローバー：縦4cm×横3cm　ミニクローバー：縦3cm×横2cm

みつばち

b

a

クローバー

a

b

d

ミニみつばち

c

d

c

ミニクローバー

りんご (32ページ)

詳しい作り方は36〜39ページ参照

〈 使用糸 〉
ハマナカ アメリー
赤 (5) …・ 10g
深緑 (34) …・ 1g
こげ茶 (9) …・ 1m

〈 その他の材料 〉
手芸わた

〈 用具 〉
5/0号かぎ針

〈 作り方 〉
① 実を編む。
② わたを詰めて絞りどめをする。
③ 葉と枝を編み、葉を枝につけてから実につける。

葉（りんご）

▦ ＝深緑

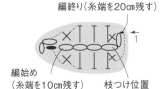

編終り（糸端を20㎝残す）
←1
編始め
（糸端を10㎝残す）
枝つけ位置

枝（りんご、レモン、洋なし共通）

▦ ＝りんご こげ茶　レモン 黄緑　洋なし 赤茶

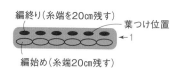

編終り（糸端を20㎝残す）
葉つけ位置
←1
編始め（糸端20㎝残す）

実（りんご）　▦ ＝赤

編終り（糸端を20㎝残す）

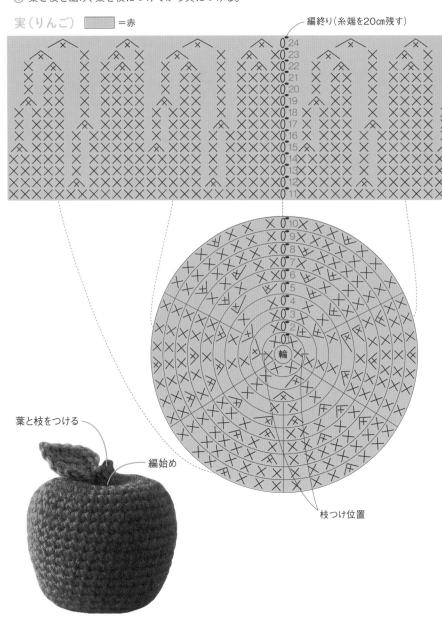

葉と枝をつける
編始め
枝つけ位置

段	目数	目数の増減
24	8	毎段8目減らす
23	16	
22	24	
20、21	32	増減なし
19	32	4目減らす
18	36	増減なし
17	36	4目減らす
16	40	増減なし
15	40	4目減らす
13、14	44	増減なし
12	44	4目減らす
11	48	増減なし
10	48	6目増す
9	42	増減なし
8	42	
7	36	毎段6目増す
6	30	
5	24	12目増す
4	12	増減なし
3	12	毎段3目増す
2	9	
1	6	輪の中に細編み

レモン、洋なし (32ページ)

詳しい葉の作り方は39ページ参照

〈使用糸〉
ハマナカ アメリー
レモン
黄色（25）…9g
深緑（34）…1g
黄緑（13）…2m

洋なし
うぐいす（33）…12g
深緑（34）…1g
赤茶（50）…1m
黄緑（13）…1m

〈その他の材料〉
手芸わた

〈用具〉
5/0号かぎ針

〈作り方〉
① 実を編む。
② わたを詰めて絞りどめをする。
③ 葉と枝を編み、葉を枝に
　つけてから実につける。

実（レモン）
□＝黄色

編終り（糸端を20cm残す）

9〜17増減なし

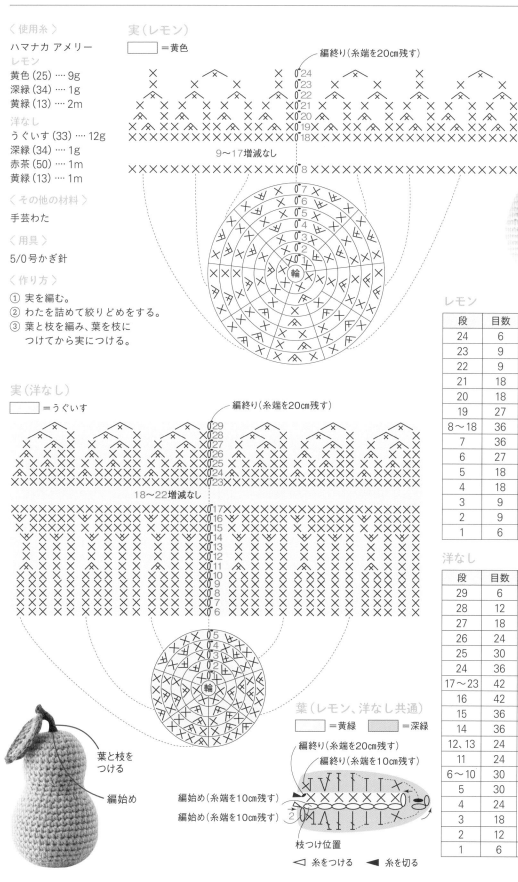

葉と枝をつける

編始め

実（洋なし）
□＝うぐいす

編終り（糸端を20cm残す）

18〜22増減なし

葉と枝をつける

編始め

葉（レモン、洋なし共通）
□＝黄緑　■＝深緑

編終り（糸端を20cm残す）
編終り（糸端を10cm残す）
編始め（糸端を10cm残す）
編始め（糸端を10cm残す）
枝つけ位置
◁ 糸をつける　◀ 糸を切る

レモン

段	目数	目数の増減
24	6	3目減らす
23	9	増減なし
22	9	9目減らす
21	18	増減なし
20	18	毎段9目減らす
19	27	
8〜18	36	増減なし
7	36	毎段9目増す
6	27	
5	18	増減なし
4	18	9目増す
3	9	増減なし
2	9	3目増す
1	6	輪の中に細編み

洋なし

段	目数	目数の増減
29	6	
28	12	
27	18	毎段6目減らす
26	24	
25	30	
24	36	
17〜23	42	増減なし
16	42	6目増す
15	36	増減なし
14	36	12目増す
12、13	24	増減なし
11	24	6目減らす
6〜10	30	増減なし
5	30	
4	24	毎段6目増す
3	18	
2	12	
1	6	輪の中に細編み

LESSON ② 増し目と減し目で作る

減し目でりんごを編む

細編みの2目を1目にする減し目を覚えましょう。

減し目をマスターすることで、りんごや動物のあたまなどの球形が編めます。

輪の作り目から増し目と増減なしを繰り返して、11段まで編みます。

 細編み2目一度

わかりやすくするために糸の色を替えています。

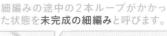
細編みの途中の2本ループがかかった状態を**未完成の細編み**と呼びます。

1 12段めの5目めまで編んだところ。6目めと7目めの2目を1目に減らします。6目めにかぎ針を入れます。

2 糸にかぎ針をかけて引き出します。

3 2本のループがかかった状態（未完成の細編み）で、7目めにかぎ針を入れます。

4 糸にかぎ針をかけて引き出します。

5 かぎ針に3本のループがかかっています。さらに糸にかぎ針をかけて3本のループの中を一度に引き抜きます。

6 細編み2目一度の減し目が編めました。6目めと7目めの2目が1目になりました。

 細編み変り2目一度（変り減し目）

1 頭目2本のうち手前の1本（半目）を拾います。

2 続けて隣の目の手前半目を拾います。

3 かぎ針に半目2本がかかっている状態です。

4 糸にかぎ針をかけて3の半目2本の中から引き出します。

5 さらに糸にかぎ針をかけて2本のループの中を一度に引き抜きます。

6 変り2目一度の減し目（変り減し目）が編めました。

\ POINT! /

一般的な減し目　　　　変り減し目

一般的な減し目で編んでもかまいませんが、この本では、より目立ちにくく見た目がきれいな「変り減し目」で編んでいます。一般的な減し目が苦手で、編み目がゆるくなりがちなかたにもおすすめの方法です。

わたを詰める　最後の段を編む前にわたを詰め、最後の段を編んでさらにわたを追加します。

1 23段めが編み終わりました。かぎ針にかかっているループを引きのばして、ほどけないようにしておきます。

2 編始めの糸端を引き、りんごの頂点をへこませます。

3 わたを少量ずつちぎって詰めます。ピンセットを使い、へこませた頂点の周囲から詰めます。

4 きちんと頂点がへこんでいるか確認しながらしっかりとわたを詰めます。

5 24段めを細編み変り2目一度で編みます。

6 追加のわたを詰めます。

LESSON ② 増し目と減し目で作る

わかりやすくするために糸の色を替えています。

1 編終りの糸は20㎝残して切り、**鎖どめをしてからとじ針に通します。**

2 編終りの隣の頭目から糸を外に出す、**縫始めの処理をします。**

3 隣の頭目の手前1本（半目）を外側から内側に拾います。

4 同様にして全部で8目分の半目を拾い、1周します。このとき引抜き編みの目も拾います。

5 糸を引いて引き絞ります。

6 針を中心の穴から入れて遠くに出し、**糸始末をします。**

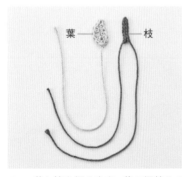

1 葉と枝を編みます。葉の編始めの糸端は編み地の裏にする糸始末をし、編終りの1本だけ残します。枝は糸端を2本とも残します。

2 葉の糸端をとじ針に通し、枝の先端から2目めの頭目を拾います。さらに葉の鎖編みの根もとに通します。

3 とじ針を引き抜き、もう一度同じ目にとじ針を通して2回縫いつけ、**編み地の裏にする糸始末を**します。

枝をつける方法は、どうぶつのうでやしっぽをつけるときにも使います。

4 枝に葉がつきました。これをりんご（レモンと洋なしも同様）の実につけます。

5 糸端をとじ針に通し、実（りんご）の枝つけ位置に入れて外に出します。

6 糸をしっかり引いてから糸始末をします。

7 もう1本の糸端を枝つけ位置に入れて糸始末をします。りんごが完成しました。

新しく糸をつける レモンと洋なしの葉の編み方を紹介します。

1 鎖編み7目の作り目を編み、**裏山を拾って細編み**を7目編みます。編終りの糸は20cm残して切り、**鎖どめ**をします。

2 糸つけ位置の頭目にかぎ針を入れて編み地を持ち、新しくつける糸を編み地の裏側に置きます。

3 糸にかぎ針をかけ、糸を引き出します。

4 新しい糸がつきました。

編み上がったパーツに新しく糸をつけるときはこの方法で！

5 糸にかぎ針をかけて立上りの鎖編みを1目編みます。続けて35ページの編み図のとおりに編みます。

6 葉が完成しました。編終りの糸端（黄緑）を1本だけ残して、残りの3本は**編み地の裏にする糸始末**をします。

LESSON ② 増し目と減し目で作る

39

〈 使用糸 〉

ハマナカ アメリー
a 山吹色 (31) ⋯ 3g 紺 (53) ⋯ 1g
b 山吹色 (31) ⋯ 3g こげ茶 (9) ⋯ 1g
共通 白 (51) ⋯ 1g

DMC 25番刺繍糸
c 黄色 (743) ⋯ 4.5m 紺 (823) ⋯ 1.3m
d 黄色 (743) ⋯ 4.5m こげ茶 (801) ⋯ 1.3m
共通 白 (BLANC) ⋯ 1m

〈 その他の材料 〉

DMC ハッピーコットン
a、b 青 (798) ⋯ 50cm 赤 (754) ⋯ 20cm

DMC 25番刺繍糸
c、d 青 (797) ⋯ 30cm 赤 (321) ⋯ 20cm

手芸わた

〈 用具 〉

a、b 5/0号かぎ針
c、d 2/0号かぎ針

〈 作り方 〉

① からだを編む。
② わたを詰めて絞りどめをする。
③ はねを編んで縫いつける。
④ 顔を刺繍する。

からだ (a・b・c・d共通)

□ = a・b 山吹色 c・d 黄色   ■ = a・c 紺 b・d こげ茶

編終り（糸端を20cm残す）

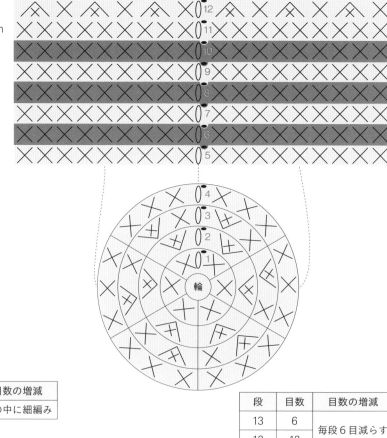

はね (a・b・c・d共通)(2枚)

□ = a〜d 白

編終り（糸端を20cm残す）

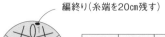

段	目数	目数の増減
1	7	輪の中に細編み

段	目数	目数の増減
13	6	毎段6目減らす
12	12	
4〜11	18	増減なし
3	18	毎段6目増す
2	12	
1	6	輪の中に細編み

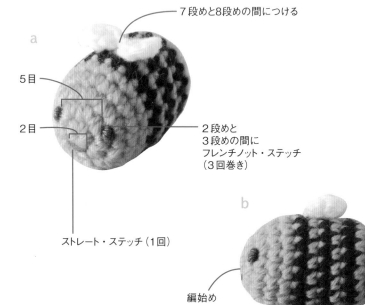

a

7段めと8段めの間につける

5目

2目

2段めと3段めの間にフレンチノット・ステッチ（3回巻き）

ストレート・ステッチ（1回）

b

編始め

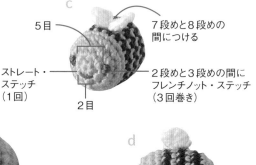

c

5目

2目

ストレート・ステッチ（1回）

7段めと8段めの間につける

2段めと3段めの間にフレンチノット・ステッチ（3回巻き）

d

編始め

次の段の糸

1　みつばちのからだの5段めの最後の細編みで糸替えをします。**未完成の細編み**の状態で、次の段の糸（こげ茶）を編み地の裏側に置き、糸にかぎ針をかけます。

2　かぎ針にかかっている2本のループの中を一度に引き抜きます。色替えが終わりました。黄色の糸は休めておきます。

使わない糸を裏側に置いておくことを**糸を休める**といいます。

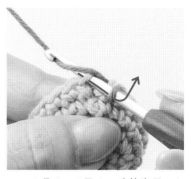

3　5段めの1目めの手前半目にかぎ針を入れて糸にかけ、引抜き編みをします。

4　引抜き編みの目の色が変わりました。6段めからはこげ茶で編みます。立上りの鎖1目を編みます。

5　編始めの糸端は4〜5目ほど編みくるみます。次の細編みを編むときに糸をかぎ針の上に乗せて編みます。

編始めの糸端

6　細編みの中に編始めの糸端が入っている状態になります。このまま細編みを編み進めます。

7　4〜5目ほど編みくるんだところの裏側です。

8　残りの細編みは糸端を編みくるまずに進め、1周終わったところで糸端を編み地の際で切ります。

9　6段めの最後の細編みが**未完成の細編み**の状態で色替えをします。今まで編んだ糸（こげ茶）を手前に置き、休めておいた黄色の糸を人さし指にかけます。

LESSON ② 増し目と減し目で作る

41

10 糸にかぎ針をかけて2本のループの中を一度に引き抜きます。

11 最後の細編みができました。こげ茶の糸を編み地の裏側に置き、黄色の糸で編み進めます。

12 これを繰り返してしま模様を編みます。

繰り返さない色替え 一度だけ色を替える場合の糸の処理のしかたです。

1 編始めの糸（黄色）も編終りの糸（こげ茶）も編みくるまずにそのまま残して編みます。

2 編終りの糸を10cm残して切ります。

3 糸端どうしを2回からめて結びます。

4 もう一度2回からめて結び、際で糸を切ります。

5 糸の処理が終わりました。

\ POINT! /

繰り返す色替え

45ページのプチアニマル、68ページのかば・うさぎ・ねこのからだは繰り返す色替えの方法で編みます。

繰り返さない色替え

68ページのかば・うさぎ・ねこのうで・あしと、76ページのきつね・コアラは繰り返さない色替えです。

あみぐるみ Q & A （その1）

Q いろいろな編終りのとめ方を知りたい

A 編終りをとめる方法は3種類あり、用途によって使い分けます。

| 鎖どめ | 糸を切り、鎖編みを1目編んでから糸を抜きます。編終りがしっかりとまります。（→11ページ参照） |

| 引抜きどめ | 糸を切り、引抜き編みをしてから糸を抜きます。編終りの目がゆるんでくることも。 |

| チェーンつなぎ | 最後の頭目をチェーンでつなぐ方法で、編終りの縁が見えるときに使います。（→17ページ参照） |

Q 編み地の特性を生かすには？

A 編上りが自然に反り返ってしまう特性を生かして、表情豊かなあみぐるみを作りましょう。ペンギンのはねなどは反り返っているとかえってかわいらしく見えます。

Q とじ針が抜けないときは？

A とじ針が抜けなくなったときは、ソーイング用のラバーシンブルがおすすめ。針をしっかりつかむことができて指がすべりません。

Q 刺繍糸を針に通せないときは？

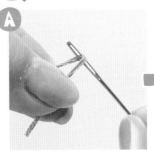

A 8ページで紹介した以外の方法です。糸端に針を当てて糸を折ります。

折り山を親指と人さし指でつぶし、針穴を近づけて通します。

Q 引きそろえとは？

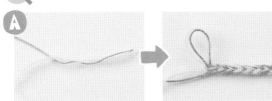

種類の違う糸をそろえて1本の糸のようにして編むこと。

例えばモヘアとアクリルの糸を引きそろえて編むことで表現の幅が広がります。

Q パーツの糸端の残し方を知りたい

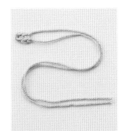

A パーツをとりつけるときは、20cmほど糸端を残すのが基本です。あたまにからだをかがる際は、かがる円周の2倍＋20cmを目安に残します。

LESSON 3

パーツをはぐ

はりねずみはあたまとからだをはぎ合わせ、
プチアニマルはからだにうでやあし、耳をつけます

はりねずみ

あたまとからだを別々に編み、
それぞれわたを詰めてからはぎ合わせます。
鼻はぽんてんを手芸用ボンドでつけます。

作り方 ➡ **はりねずみ**：46ページ　**ハート**：93ページ
サイズ　はりねずみ：縦6cm×横10cm
　　　　ハート 大：縦4cm×横4cm　ハート 小：縦3cm×横3cm

大　　　小　　　　　　a　　　　　　　b　　　　　　　c

44

プチアニマル

だ円から編んでいき、からだは色替えをして編みます。
耳とうでやあしのパーツは
残した糸端を使ってからだにつけます。

作り方 ➡ **くま・いぬ・うさぎ：52ページ**
　　　　　三角の木：92ページ　丸い木：93ページ
サイズ　**くま・いぬ・うさぎ：縦5.5cm×横4.5cm（耳は含まない）**
　　　　　三角の木：高さ8cm×幅4cm　丸い木：高さ5.5cm×幅4cm

はりねずみ (44ページ)

詳しい作り方は47〜51ページ参照

〈 使用糸 〉

パピー シェットランド
a〜c アイボリー (8) …・ 4g

パピー ユリカモヘヤ
a ピンク (303) …・ 7g
b グレー (312) …・ 7g
c 黄色 (306) …・ 7g

〈 その他の材料 〉

DMC ハッピーコットン
a〜c共通　茶 (777) …・ 50cm

直径 10mmぼんてん
a 水色　b 黄色　c ピンク

手芸わた

〈 用具 〉

6/0号かぎ針

〈 作り方 〉

① あたまとからだをそれぞれ編む。
② わたを詰めながらあたまとからだをはぎ合わせる。
③ 鼻用のぼんてんを手芸用ボンドで接着し、目を刺繍する。

あたま (a・b・c共通)

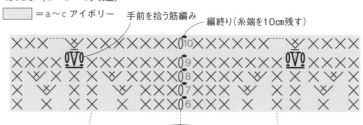

□ ＝a〜c アイボリー　手前を拾う筋編み　編終り (糸端を10cm残す)

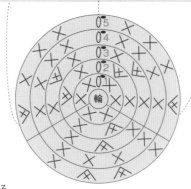

段	目数	目数の増減
10	24	2目減らす
9	26	2目増す
8	24	毎段4目増す
7	20	
6	16	増減なし
5	16	4目増す
4	12	増減なし
3	12	毎段3目増す
2	9	
1	6	輪の中に細編み

からだ (a・b・c共通)

■ ＝a ピンク
　　b グレー
　　c 黄色

編終り (糸端を40cm残す)

7〜11増減なし

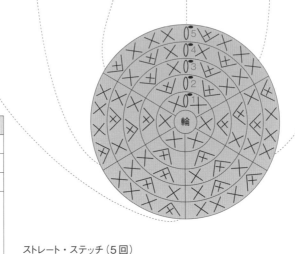

段	目数	目数の増減
14	24	増減なし
13	24	6目減らす
6〜12	30	増減なし
5	30	毎段6目増す
4	24	
3	18	
2	12	
1	6	輪の中に細編み

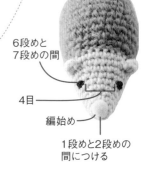

編始め

6段めと
7段めの間

4目

編始め

1段めと2段めの
間につける

ストレート・ステッチ (5回)

a

b

c

輪の作り目

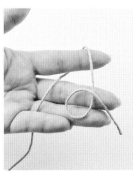

1 糸を小指→人さし指の順にかけ、糸端は「の」の字を描くようにして輪を作ります。

2 糸が交差した部分を持ちます。

3 輪の中にかぎ針を入れ、糸にかけて引き出します。

4 輪の作り目ができ上がりました。立上りの鎖編み1目を編み、続けて細編みを編みます。

5 かぎ針にかかっているループを大きく引きのばしておき、細編みの編始めを押さえ、糸端を引きます。

6 輪が縮まりました。2重の輪の作り目と同様に編み進めます。

7 1重の輪の場合、編始めの**糸始末**が必要です。糸端をとじ針に通して、すぐそばの編み地をすくいます。

8 1重の輪は、輪の中心がゆるんでくるので、**玉止め**をします。とじ針に糸を2～3回巻きつけます。

9 糸を巻きつけたところを押さえてとじ針を抜きます。

10 玉止めの際で糸を切ります。

\ POINT /

1重の輪に向く糸

モヘアやループヤーンなどの滑りにくい糸や切れやすい弱い糸は、1重の輪の作り目がおすすめです。

LESSON ③ パーツをはぐ

✕ 細編みの筋編み 編み目記号の下に線が1本入ってるものが筋編みです。

わかりやすくするために糸の色を替えています。

1 頭目を拾うときに奥の1本（半目）だけを拾います。

> 一般的に筋編みと呼ばれるのは、この奥の半目を拾う方法です。

2 糸にかぎ針をかけ、引き出します。

3 さらに糸にかぎ針をかけ、2本のループの中をくぐらせて一度に引き抜きます。

4 細編みの筋編みが1目編めました。

5 続けて、奥の半目だけを拾って細編みの筋編みを編んでいきます。

6 拾っていない手前の半目が筋となって現われ、編み地に山折りの角ができました。

残った半目

✕ 細編みの変り筋編み 編み目記号の下に線が1本入っていて、太線で表現しているものが変り筋編みです。

わかりやすくするために糸の色を替えています。

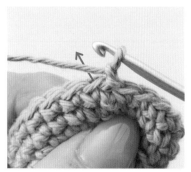  

1 頭目を拾うときに手前の1本（半目）だけを拾います。

2 糸にかぎ針をかけ、引き出します。

3 さらに糸にかぎ針をかけ、2本のループの中をくぐらせて一度に引き抜きます。

4 細編みの変り筋編みが1目編めました。

5 続けて、手前の1本（半目）だけを拾って細編みの変り筋編みを編んでいきます。

6 手前を拾う変り筋編みは、編み地がへこんだ谷折りの角になります。

耳を変り筋編みで編む | はりねずみの耳は、中長編みの変り筋編み（手前を拾う）で編みます。

⫯⩴⫯ 引抜き編み + 鎖編み + 中長編みの変り筋編み（手前を拾う）

1 あたまは輪の作り目で編み始め、増し目をしながら8段めまで編みます。

2 さらに9段めの7目めまで編みます。次の目の手前の半目を拾って引抜き編みをします。

3 糸にかぎ針をかけ、頭目とループの中を一度に引き抜きます。

4 引抜き編みができました。

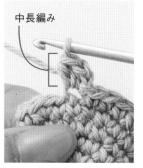

5 鎖編みを1目編みます。

6 引抜き編みをした同じ半目にかぎ針を入れて中長編みを1目編みます。

7 さらに同じ半目に中長編みをもう1目編みます。

8 鎖編みを1目編みます。

9 　中長編みを2目編み入れた同じ半目にかぎ針を入れ、糸にかぎ針をかけて引き抜きます。

耳

10 　引抜き編みができました。耳が1つ完成しました。

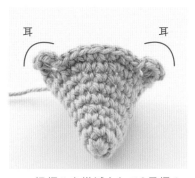

耳　　　　　　耳

11 　細編みを増減なしで8目編み、2〜10を繰り返して耳をもう1つ編みます。

◇ 細編みの筋編み2目編み入れる

12 　10段めは7目めまで細編みを編みます。

13 　8目めは耳の裏側に1本残った奥の半目（8段め）を拾い、細編みの筋編みを1目編みます。

14 　同じ半目を拾って、細編みの筋編みをもう1目編み入れて増し目をします。

15 　次の目は1目飛ばし、さらに隣の目からは頭目を2本拾う普通の細編みを編みます。

16 　耳の奥側が編めました。

17 　編終りの糸は鎖どめをして5㎝残して切ります。

パーツをはぎ合わせる

はりねずみのあたまとからだをはぎ合わせます。

1 からだは実際にはモヘアの糸で、**1重の輪の作り目**で編みます。

2 あたまとからだにわたを詰めます。からだの編終りは**鎖どめ**をし、40㎝残して糸を切り、とじ針に通します。

\ P O I N T ! /

編終りの糸端は（はぎ合わせる円周×2）＋20㎝を目安に残しましょう。

3 頭目にとじ針を入れて、糸を外側に出す**縫始めの処理**をします。

4 あたまの編終りの隣の頭目にとじ針を通し、続けてからだ側の次の頭目に通します。

5 糸を引きます。2針めも同様に1つ先の頭目にとじ針を入れます。これを繰り返して半周ほどはぎ合わせます。

6 追加のわたを詰めます。ピンセットを使ってしっかり入れましょう。

7 すべての頭目を拾って1周しました。からだのどこかにとじ針を出し、**糸始末**をします。

8 あたまとからだのはぎ合せが終わりました。

\ P O I N T ! /

はぎ合せに使う糸を替えると……

あたま側のアイボリーの糸ではぎ合わせた例。アイボリーの面積が少し広めに仕上がります。

ぼんてんをつける

1 鼻用のぼんてんに手芸用ボンドを少量つけます。

2 1段めと2段めの間につけます。目を**ストレート・ステッチ**で刺して完成。

LESSON ③ パーツをはぐ

プチアニマル (45ページ)

詳しい作り方は53〜54ページ参照

〈使用糸〉

ハマナカ アメリー
くま　うす茶(8)…4g　赤(5)…2g　黄土色(41)…1g
いぬ　ベージュ(21)…4g　うす緑(12)…2g　うす紫色(42)…1g
うさぎ　白(51)…4g　水色(29)…2g　ピンク(27)…1g

〈その他の材料〉

DMC ハッピーコットン
くま　紺(758)…50cm
いぬ　茶(777)…50cm
うさぎ　朱赤(790)…50cm

手芸わた

〈用具〉

5/0号かぎ針

〈作り方〉

① だ円からからだを編む。
② わたを詰めてとじる。
③ 耳、うで・あしを編んでつける
　（「パーツをつける」→38ページ参照）。
④ 顔を刺繍する。

うで・あし(3点共通)(各2枚)

□=くまうす茶　いぬベージュ　うさぎ白

編終り(糸端を20cm残す)
編始め(糸端を20cm残す)

耳(くま)(2枚)

□=うす茶

編終り(糸端を20cm残す)
編始め(糸端を20cm残す)

耳(いぬ)(2枚)

□=ベージュ

編終り(糸端を20cm残す)
編始め(糸端を20cm残す)

耳(うさぎ)(2枚)

□=白

編終り(糸端を20cm残す)
編始め(糸端を20cm残す)

からだ(3点共通)

□=くまうす茶　いぬベージュ　うさぎ白　　■=くま赤　いぬうす緑　うさぎ水色
□=くま黄土色　いぬうす紫色　うさぎピンク　　　編終り(糸端を20cm残す)

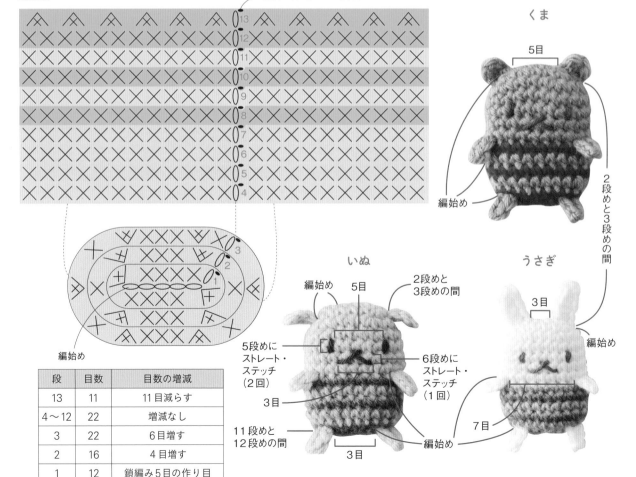

編始め

段	目数	目数の増減
13	11	11目減らす
4〜12	22	増減なし
3	22	6目増す
2	16	4目増す
1	12	鎖編み5目の作り目

くま
5目
編始め
2段めと3段めの間

いぬ
編始め
5目
2段めと3段めの間
5段めにストレート・ステッチ(2回)
3目
11段めと12段めの間
6段めにストレート・ステッチ(1回)
編始め
3目

うさぎ
3目
編始め
7目
編始め

だ円を編む

鎖編みからだ円を編み、さらにだ円から立体を編む方法を紹介します。

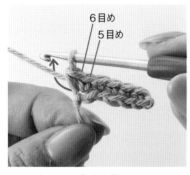

1 鎖編みの裏山を拾って細編みを4目編み、5目めと6目めを2目編み入れたところ。同じ目にかぎ針を入れます。

2 かぎ針を入れたまま、編み地を180度回転させます。

3 上下が入れ替わったところで続きの細編みを編みます。

4 7目の細編みが編めました。続けて反対側は鎖編みの頭目を拾って編んでいきます。

5 1周編めました。

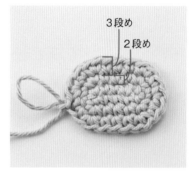

6 2段めと3段めは円形を編む方法と同様に、増し目をしながら編みます。

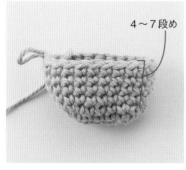

7 4〜7段めは増減なしで編み、周囲が立ち上がります。編む途中で編み地を裏返します。

8 8〜12段めは繰り返す色替えで糸の色を替えながら増減なしで編み、13段めは減し目をして11目にし、糸端を20cm残して切ります。

だ円パーツをとじる

わかりやすくするために糸の色を替えています。

1　わたを詰め、糸端をとじ針に通します。編終りの左隣の目から糸を外側に出し、**縫始めの処理**をします。

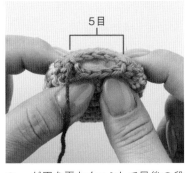

2　だ円を平たくつぶして最後の段の頭目が5目ずつ平行に並ぶようにします。

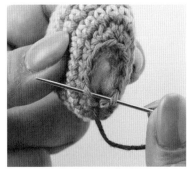

3　糸が出ているところの上の頭目の外側の半目をそれぞれ拾います。

4　その上の目も外側の半目を拾います。

5　5目分を拾い、とじ終わりました。

6　このままではとじ合わせた両端がとがった状態なので、平らに仕上げます。

7　とがった目をまたぐようにして隣の目にとじ針を入れ、遠くに出します。

8　糸を引いて角をへこませます。

9　反対側の角にもとじ針を出し、同様に角をへこませます。**玉止め**をして、**糸始末**をします。からだが完成しました。

あみぐるみ Q & A その2

目玉パーツを使いたいときは？

プラスチックの目玉パーツは、大きさも色も形もいろいろそろっています。あみぐるみアイともいいます。

クリスタルアイ　コミックアイ

ソリッドアイ　クリスタルアイ

〈 目の位置で表情を変える 〉

くりっとした目で

少し離れた位置に

小さくてつぶらな目に

〈 差し込み式の目のつけ方 〉

1 目の位置に目打ちで穴をあけます。目玉パーツを差し込んでみて位置を決めます。

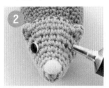

2 多用途接着剤を穴に流し込みます。小さな目玉にするときは、パーツの軸に接着剤をつけます。

3 パーツを差し込んで接着します。

わたを詰めるコツは？

外側から詰める

あたまなどの球形に詰めるときは、指でわたをほぐしながら押し広げるようにして外側から詰めていきます。

目打ちを使う

わたが中でかたよってしまい、パーツの先まで詰まっていないときは、目打ちを編み目から下向きに差し込み、上に動かしてわたを移動させます。

アクセサリーにする方法は？

ブローチにする

1 市販のブローチピンを用意します。

2 刺繍と同様に糸を玉結びして編み地の中に引き入れ、ブローチピンの穴に1針ずつとめます。

3 もう1つの穴にも両側に1針ずつ糸を渡してとめます。

4 ブローチの完成です。実際につけてみてバランスがいい位置に金具を縫いつけましょう。

キーホルダーにする

1 ボールチェーンと丸カンを用意します。

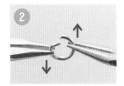

2 ペンチを2つ使い、丸カンを前後に開きます。

3 編み目に丸カンを通してペンチでとじます。

4 丸カンにボールチェーンを通して完成！

LESSON 4
あたまとからだをつなぐ

わたを詰めて絞りどめをしたあたまに、
からだをかがりつけるあみぐるみの基本の形です

ペンギン

あたまは段の途中で色替えをしています。
はねは縁編みの方法で編み、からだにかがります。

作り方 ➡ ペンギン：58ページ　さかな：94ページ
サイズ　ペンギン：縦12cm×横7.5cm　さかな：長さ9.5cm×幅3cm

大

小

中

あひる

大中小の3体のあたまとからだの編み図は同じです。
それぞれの糸の本数を変えることで、大きさが異なるあみぐるみになります。

作り方 ➡ あひる：64ページ　いちご：94ページ

サイズ　あひる 大：縦10cm×横8cm　あひる 中：縦9cm×横6.5cm　あひる 小：縦6cm×横4.5cm
　　　　　いちご：縦4.5cm×横3cm

ペンギン （56ページ）

詳しい作り方は60〜63ページ参照

〈 使用糸 〉

ハマナカ アメリー
a ブルー（47）‥‥ 14g
b チャコールグレー（30）‥‥ 14g
a・b共通 白（51）‥‥ 5g 黄土色（41）‥‥ 2g

ハマナカ アメリーエフ《合太》
a オレンジ（507）‥‥ 2g
b 赤（508）‥‥ 2g

〈 その他の材料 〉

DMC ハッピーコットン
a・b共通 緑（781）‥‥ 50㎝

手芸わた

〈 用具 〉

5/0号かぎ針（ペンギン）
6/0号かぎ針（マフラー）

〈 作り方 〉

① あたまを編み、わたを詰めて絞りどめをする。
② からだを編み、わたを詰めて、あたまにかがりつける。
③ はねとあしを編んでかがりつける。
④ くちばしを編んでわたを詰めながらあたまに
　かがりつける。
⑤ 目を刺繍する。
⑥ マフラーを2本どりで編んで首に結ぶ。

くちばし（a・b共通）

▨＝黄土色

編始め
編終り（糸端を30㎝残す）

段	目数	目数の増減
2	12	増減なし
1	12	鎖編み5目の作り目

あし（a・b共通）（2枚）

▨＝黄土色

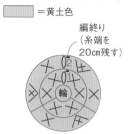

編終り（糸端を20㎝残す）
輪

段	目数	目数の増減
2	9	3目増す
1	6	輪の中に細編み

＼ POINT！／

あたまとからだでは どちらを先に編む？

編み目の粗が目立ちにくい、からだから編むのがおすすめです。頭頂部や顔など目立つ部分があるあたまは、手が慣れてからのほうがきれいに編めます。

あたま（a・b共通）

☐＝a ブルー　b チャコールグレー　☐＝a・b 白

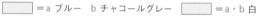

からだをかがりつける位置

編終り（糸端を20㎝残す）

段	目数	目数の増減
19	7	7目減らす
18	14	14目減らす
17	28	毎段7目減らす
16	35	
8〜15	42	増減なし
7	42	
6	36	
5	30	毎段6目増す
4	24	
3	18	
2	12	
1	6	輪の中に細編み

マフラー（a・b共通）

▨＝a オレンジ 2本どり
　　b 赤 2本どり

チェーンつなぎ

←1

編始め（糸端を10㎝残す）
鎖45目編む

58

からだ（a・b共通）

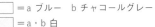
□ ＝a ブルー　b チャコールグレー
■ ＝a・b 白

白の編終り
（糸端を30cm残す）

編終り
（糸端を30cm残す）

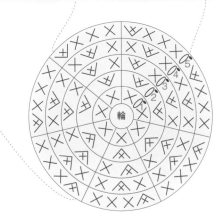

段	目数	目数の増減
10〜14	28	増減なし
9	28	7目減らす
6〜8	35	増減なし
5	35	
4	28	毎段7目増す
3	21	
2	14	
1	7	輪の中に細編み

往復編み（おうふくあみ）

1　1段めを編んだら、次の段の立上りの鎖編みを編んで、編み地を裏返します。

2　編み地の裏側を見ながら、次の段を編みます。

3　1段ごとに編み地を返しながら往復して編みます。

はね（2枚）
□ ＝a ブルー　b チャコールグレー

編終り
（糸端を20cm残す）

1段めは鎖編みの
裏山を拾う

編始め（糸端を10cm残す）

a

3目

編始め

12段めにストレート・
ステッチ（5回）

13、14段め

横

b

あしはわたを詰めずに
5段めにつける
（「くちばしをつける」
→63ページ参照）

6目

編始め

4目

編始め

| 同じ段の途中で色替えをする方法を紹介します。

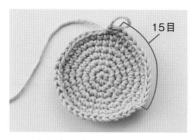

1　あたまの上から編み始め、8段めの17目めから色替えをします。今編んでいる糸（ブルー）で8段めの15目まで編みます。

2　16目めの細編みは未完成の細編みの状態で、色替えをする糸（白）を編み地の裏側に置き、糸にかぎ針をかけて引き抜きます。

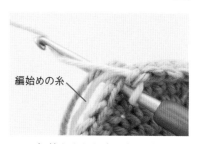

3　色替えをした白で編みます。白の編始めとブルーの糸の2本は、かぎ針の上に置いて編みくるみます。

4　白からブルーに色替えをするときも、1つ前の細編みが未完成の細編みの状態でブルーに替えます。

5　休ませている白と編始めの白の2本は、ブルーの糸で編むときに一緒に編みくるみます。

6　ブルーから白へと色替えをしたところ。

7　さらに白からブルーへと色替えをします。

8　白の編始めの糸端は、ある程度編みくるんだあとで編み地の際で切ります。

9　次にブルーの糸で編むときは、白の糸を1目編みくるみます。

10　1目だけ編みくるんだところ。次からは白の糸を編みくるまずにブルーの糸で編みます。

11　ブルーの糸で編み進めます。白の糸は休めておきます。

12　1周編み、次の段の色替えのところまで編みました。ここで休めておいた白の糸を渡します。次の目はこの糸で編みます。

13 横に渡した糸を引き抜いたら、円周にそわせておきましょう。

渡した白の糸

14 渡した白の糸とブルーの糸を編みくるみながら白で編みます。

\ POINT! /
糸の引きすぎに注意

渡す糸が短いと、編み地がつれてしまいます。わたを詰めるときの編み地の伸びも考慮し、糸を引きすぎないように。

たるみ

15 渡した白とブルーの糸を編みくるんだところ。糸にたるみができた場合は、糸を引いて調整します。

16 糸が長い距離を渡る場合は、すべての目で編みくるまずに、1〜2目おきに編みくるみます。

17 1目編んでから、次の目は渡した2本の糸を編みくるみます。

18 裏側から見たところ。渡っている糸は、1目おきに1目ずつ編みくるんでいます。

4目以上の長い距離をすべて編みくるむと、編み地がもたつくことがあります。2〜3目ずつがおすすめです。

19 あたまを編み図どおりに色替えをしながら18段めまで編みます。白の糸の編終りは、編みくるんで始末します。

20 わたを詰めてから19段めを編み、絞りどめをして糸始末をします。

あたまとからだをつなぐ

あたまは絞りどめをして完成させ、からだの編終りの段をかがりつけます。

1 からだの編終りの糸は2色とも30cm残して切り、わたを詰めておきます。

2 あたまの17段めと18段めの間にからだをつけます。まち針で目安をつけておきます。

3 からだの最終段とあたまのつけ位置を合わせて、まち針で仮どめします。

わかりやすくするために糸の色を替えています。

4 からだの白の部分をかがるときは
白の糸を使います。とじ針に糸を
通し、あたまの中心の目から数
えて6目めをすくいます。

5 からだ側の糸端が出ているところ
の次の頭目を2本すくいます。

\ POINT！ /

糸をすくうときは、内側からで
も外側からかまいません。縫い
やすい方法でかがりましょう。

6 あたま側に戻り、次の目をすくい
ます。

7 5、6を繰り返し、1周かがります。
ブルーの部分はブルーの糸でか
がり、**糸始末**をします。

8 あたまとからだがつながりまし
た。

はねを編んでつける

はねは編み地の側面に1周細編みを編んで、縁編みにします。

わかりやすくするために糸の色を替えています。

1 鎖編みの作り目で編み
始め、**往復編み**で7
段めまで編みます。

2 縁は編み地を横にし
て、段と段の間を拾
っていきます。

3 細編みを1目編みま
す。次は5段めと6段
めの間を拾って細編
みを編みます。

4 7目めは作り目の1目
めの頭目を拾います。

5 糸にかけて細編みを
編みます。

6 8目めは作り目の2目
めの頭目を拾って細
編みを編みます。

7 反対側も3と同様に編
み地の側面に細編み
を編みます。

8 最後は7段めの1目め
の頭目2本にかぎ針
を通して引抜き編みを
編みます。

9 編終りは**鎖どめ**をして糸を20㎝残して切ります。

6目

10 あたまとからだの境目の足をすくってはねをつけます。

11 次ははねの7段めの2目めの細編みの頭目をすくいます。

12 10で糸を出した同じところにとじ針を入れ、細編み1目の**足**をすくいます。

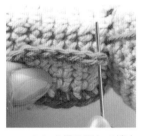

13 これを繰り返して端までかがり、はねの側面の細編みの頭目をすくいます。

14 からだの細編み1段分をすくいます。

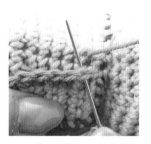

15 次の頭目にとじ針を入れて、13の下の段をすくいます。

16 からだの中を通して、とじ針をはねの反対側に出し、反対側も13〜15と同様に2針かがります。**糸始末**をして完成。

くちばしをつける

中にわたを詰めながらパーツをつける方法を紹介します。

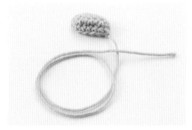

1 **だ円を編む**方法でくちばしを編みます。編終りの糸は30㎝残して切ります。

2 あたまの12段めと13段めの間に、中心を合わせてくちばしのだ円の形を保つようにまち針で仮どめします。

3 くちばしの形に合わせてあたまの編み地を1針すくいます。

4 くちばしの最終段の頭目を2本すくいます。

5 3、4を繰り返してくちばしの周囲をかがり、真下までかがったところでわたを詰めます。

6 1周かがり終わりました。**糸始末**をして完成。

詳しい作り方は**67**ページ参照

〈 使用糸 〉

ハマナカ itoa あみぐるみが編みたくなる糸
大 白（301）…‥ 25g（3本どり）
中 白（301）…‥ 12g（2本どり）
小 白（301）…‥ 5g

ハマナカ アメリーエフ《合太》
大 生成り（501）…2g 山吹色（503）…‥1g
中・小共通 生成り（501）…‥1g 山吹色（503）…‥1g

〈 その他の材料 〉

DMC ハッピーコットン
大・中・小共通 水色（786）…‥50㎝

手芸わた

〈 用具 〉

8/0号かぎ針（大 あたまとからだ）
6/0号かぎ針（中 あたまとからだ）
4/0号かぎ針（小 あたまとからだ、大・中・小 はねとくちばしとあし）

〈 作り方 〉

① あたまとからだを編む。
② あたまにわたを詰めて絞りどめをする。
③ からだにわたを詰めてあたまにかがりつける。
④ はねとくちばしを編んでかがりつける。
⑤ あしを編んでわたを入れずにかがりつける
　（「くちばしをつける」→63ページ参照）。
⑥ 目を刺繍する。

くちばし（大）

▨ ＝山吹色

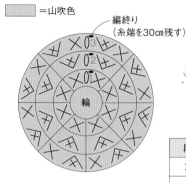

編終り
（糸端を30㎝残す）

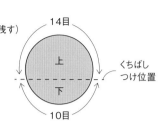

14目

上

下

10目

くちばし
つけ位置

段	目数	目数の増減
3	24	毎段8目増す
2	16	
1	8	輪の中に細編み

あし（大）（2枚）

▨ ＝山吹色

編終り
（糸端を30㎝残す）

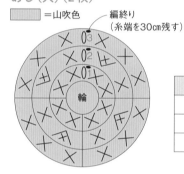

段	目数	目数の増減
3	12	増減なし
2	12	4目増す
1	8	輪の中に細編み

からだ（大・中・小共通）

▨ ＝白（大／3本どり、中／2本どり、小／1本どり）

編終り（糸端を40㎝残す）

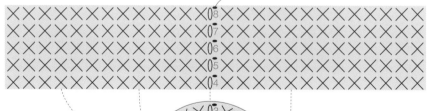

段	目数	目数の増減
4〜8	26	増減なし
3	26	8目増す
2	18	9目増す
1	9	輪の中に細編み

＼ POINT！ ／

糸を2本どりにするときは糸玉の内側と外側の糸を合わせて2本にします。3本どりの場合は、さらにもう1玉の糸を合わせます。

あたま（大・中・小共通）

□ ＝白（大／3本どり、中／2本どり、小／1本どり）

からだをかがりつける位置

編終り（糸端を20cm残す）

8〜12増減なし

輪

段	目数	目数の増減
15	9	8目減らす
14	17	毎段9目減らす
13	26	
7〜12	35	増減なし
6	35	7目増す
5	28	増減なし
4	28	毎段7目増す
3	21	
2	14	
1	7	輪の中に細編み

はね（大）（2枚）

□ ＝生成り

編終り（糸端を40cm残す）

輪

①半分にたたんでかがる

②からだにかがる

段	目数	目数の増減
4	32	毎段8目増す
3	24	
2	16	
1	8	輪の中に細編み

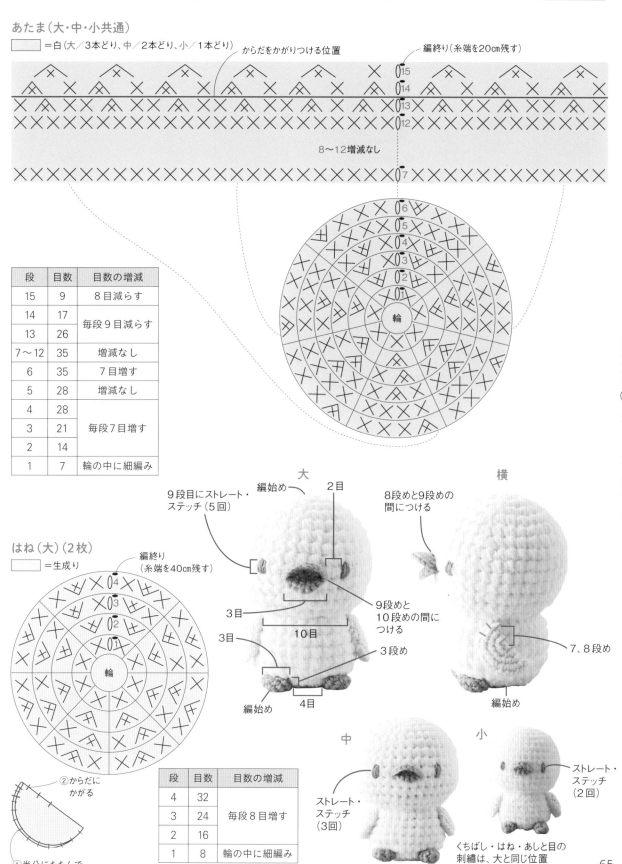

大

9段目にストレート・ステッチ（5回）

編始め

2目

8段めと9段めの間につける

横

9段めと10段めの間につける

3目

10目

3目

3段め

3目

編始め

4目

7、8段め

編始め

中

ストレート・ステッチ（3回）

小

ストレート・ステッチ（2回）

くちばし・はね・あしと目の刺繍は、大と同じ位置

くちばし（中）

＝山吹色

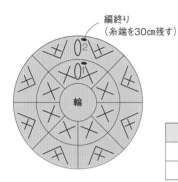

編終り
（糸端を30cm残す）

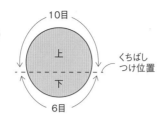

10目

上

下

6目

くちばし
つけ位置

段	目数	目数の増減
2	16	8目増す
1	8	輪の中に細編み

くちばし（小）

＝山吹色

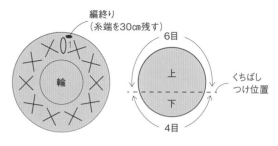

編終り
（糸端を30cm残す）

6目

上

下

4目

くちばし
つけ位置

段	目数	目数の増減
1	10	輪の中に細編み

あし（中）（2枚）

＝山吹色

編終り
（糸端を30cm残す）

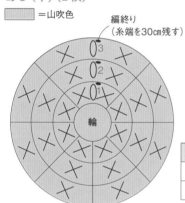

段	目数	目数の増減
2、3	8	増減なし
1	8	輪の中に細編み

あし（小）（2枚）

＝山吹色

編終り
（糸端を30cm残す）

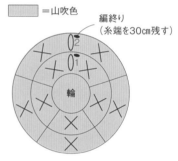

段	目数	目数の増減
2	5	増減なし
1	5	輪の中に細編み

はね（中）（2枚）

＝生成り

編終り
（糸端を40cm残す）

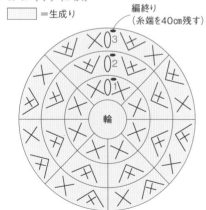

②からだに
かがる

①半分にたたんで
かがる

段	目数	目数の増減
3	24	毎段8目増す
2	16	
1	8	輪の中に細編み

はね（小）（2枚）

＝生成り

編終り
（糸端を30cm残す）

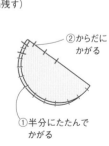

②からだに
かがる

①半分にたたんで
かがる

段	目数	目数の増減
2	16	8目増す
1	8	輪の中に細編み

くちばしをつける | 円形のパーツを折りたたみ、カーブをつけてかがります。

わかりやすくするために糸の色を替えています。

1 あひるのくちばしを円形に編み、編終りを20cm残して糸を切り**鎖どめ**をします。ここでは大を例にして説明します。

2 くちばしを2/3の位置で折りたたみ、糸端をとじ針に通します。大の場合は上が14目、下が10目になるように。

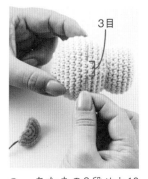

3 あたまの9段めと10段めの間の3目にとじ針を通します。

4 2で折りたたんだ端の頭目の2目分をまとめてすくいます。

5 糸が出ているところにもう一度とじ針を通して反対側に出します。

6 反対側の折りたたんだ端部分も2目分を一度にすくいます。

7 1針ずつ糸をしっかり引き、くちばしの両端があたまの中に入り込むようにします。

8 くちばしのカーブを固定するように上側を1目分すくいます。

9 あたま側の糸が出ているところにもう一度とじ針を通し、1目すくいます。

10 9と同じ位置にとじ針を入れ、遠くに出して**糸始末**をします。

11 くちばしがつきました!

LESSON 5

うでとあしをたたみかがりでつける

あたまとからだに立体的に編んだうでとあしをつけます。
うでとあしはぶらぶらするようにつけるたたみかがりで！

かば・うさぎ・ねこ

からだ、うで、あしは3体共通。ねことうさぎのあたまも同じ編み図です。
耳や顔などのパーツを少し変えてさまざまなどうぶつにアレンジします。

作り方 ➡ ねこ・うさぎ：70ページ　　かば：72ページ
サイズ　　ねこ・うさぎ：縦13cm×横8cm（耳は含まない）　　かば：縦12cm×奥行き10cm

〈 使用糸 〉

ハマナカ アメリー
ねこ　クリーム (2) ···· 18g　うす茶 (8) ···· 3g
　　　水色 (45) ···· 2g　青 (16) ···· 2g
うさぎ　ピンク (28) ···· 17g　オフホワイト (20) ···· 3g
　　　赤 (5) ···· 2g　グレー (22) ···· 2g

〈 その他の材料 〉

DMC ハッピーコットン
ねこ　緑 (781) ···· 50cm　オレンジ (753) ···· 30cm
うさぎ　青緑 (784) ···· 50cm　朱色 (790) ···· 30cm
手芸わた

〈 用具 〉

5/0号かぎ針

〈 作り方 〉

① あたまとからだを編み、わたを詰めてはぎ合わせる。
　（「パーツをはぎ合わせる」→51ページ参照）
② うで・あしと耳としっぽを編んでつける。
③ 顔を刺繍する。

段	目数	目数の増減
13〜18	24	増減なし
12	24	6目減らす
10、11	30	増減なし
9	30	6目減らす
7、8	36	増減なし
6	36	
5	30	
4	24	毎段6目増す
3	18	
2	12	
1	6	輪の中に細編み

うで・あし（ねこ・うさぎ共通）（各2枚）

□ ＝ねこ クリーム　うさぎ ピンク
▨ ＝ねこ うす茶　うさぎ オフホワイト

編終り
（糸端を20cm残す）

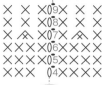

段	目数	目数の増減
8、9	6	増減なし
7	6	2目減らす
3〜6	8	増減なし
2	8	筋編み増減なし
1	8	輪の中に細編み

耳（ねこ）（2枚）

□ ＝クリーム

編終り
（糸端を20cm残す）

前

段	目数	目数の増減
4	10	
3	8	毎段2目増す
2	6	
1	4	輪の中に細編み

からだ（ねこ・うさぎ共通）

□ ＝ねこ クリーム　うさぎ ピンク
▨ ＝ねこ 青　うさぎ グレー　□ ＝ねこ 水色　うさぎ 赤

編終り（糸端を40cm残す）

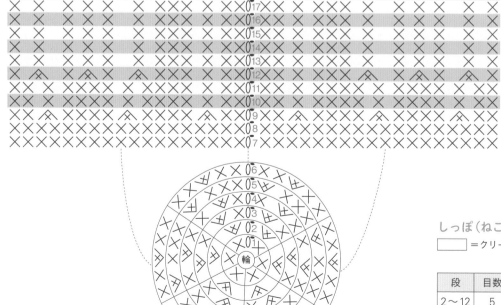

しっぽ（ねこ）

□ ＝クリーム

編終り
（糸端を20cm残す）

3〜11
増減なし

段	目数	目数の増減
2〜12	5	増減なし
1	5	輪の中に細編み

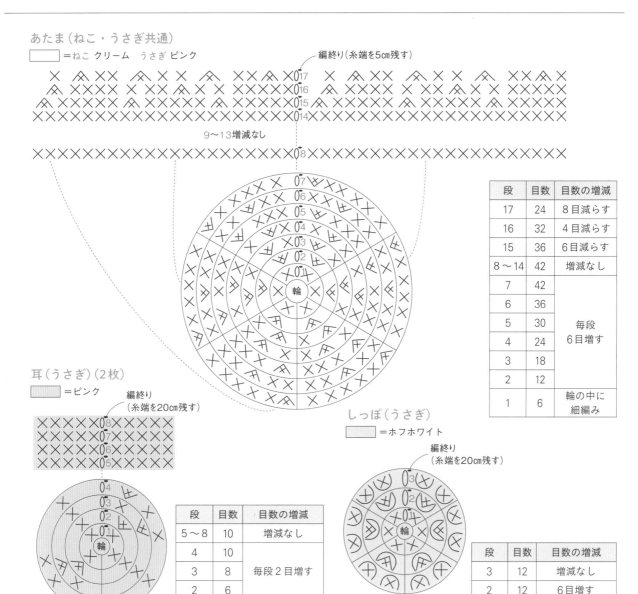

あたま（ねこ・うさぎ共通）

□ ＝ねこ クリーム　うさぎ ピンク

編終り（糸端を5cm残す）

9〜13増減なし

段	目数	目数の増減
17	24	8目減らす
16	32	4目減らす
15	36	6目減らす
8〜14	42	増減なし
7	42	
6	36	
5	30	毎段 6目増す
4	24	
3	18	
2	12	
1	6	輪の中に 細編み

耳（うさぎ）（2枚）

▨ ＝ピンク

編終り（糸端を20cm残す）

段	目数	目数の増減
5〜8	10	増減なし
4	10	
3	8	毎段2目増す
2	6	
1	4	輪の中に細編み

前

しっぽ（うさぎ）

▨ ＝ホフホワイト

編終り（糸端を20cm残す）

段	目数	目数の増減
3	12	増減なし
2	12	6目増す
1	6	輪の中に細編み

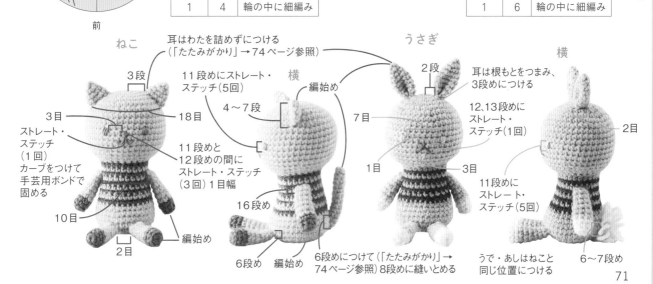

ねこ

3段

耳はわたを詰めずにつける
（「たたみがかり」→ 74ページ参照）

11段めにストレート・ステッチ（5回）

3目
ストレート・ステッチ（1回）カーブをつけて手芸用ボンドで固める

3目
18目

4〜7段
編始め
横

11段めと12段めの間にストレート・ステッチ（3回）1目幅

10目

16段め

2目

編始め

6段めにつけて（「たたみがかり」→ 74ページ参照）8段めに縫いとめる

うさぎ

2段

耳は根もとをつまみ、3段めにつける

7目

12、13段めにストレート・ステッチ（1回）

1目

3目

横

2目

11段めにストレート・ステッチ（5回）

6〜7段め

うで・あしはねこと同じ位置につける

71

かば （68ページ）

詳しい作り方は**74**ページ参照

〈 使用糸 〉

ハマナカ アメリー
ブルーグレー (29) ···· 19g　緑 (14) ···· 2g
からし (3) ···· 2g　紫 (35) ···· 2g

〈 その他の材料 〉

DMC ハッピーコットン
黄土色 (794) ···· 50cm
えんじ (791) ···· 50cm
手芸わた

〈 用具 〉

5/0号かぎ針

〈 作り方 〉

① あたまと鼻先を編み、わたを詰め、はぎ合わせる。
② からだを編み、わたを詰めてあたまにかがりつける。
③ うで・あしにわたを詰め、たたみかがりでつける。
④ 耳としっぽを編んでかがりつける。
⑤ 顔を刺繍する。

うで・あし（各2枚）

☐ ＝ブルーグレー
▨ ＝紫

編終り
（糸端を20cm残す）

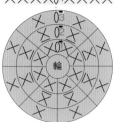

段	目数	目数の増減
8、9	6	増減なし
7	6	2目減らす
3〜6	8	増減なし
2	8	筋編み増減なし
1	8	輪の中に細編み

耳（2枚）

☐ ＝ブルーグレー

編終り
（糸端を20cm残す）

上

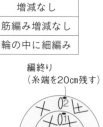

段	目数	目数の増減
2	9	3目増す
1	6	輪の中に細編み

からだ

☐ ＝ブルーグレー　▨ ＝からし　▨ ＝緑

編終り
（糸端を40cm残す）

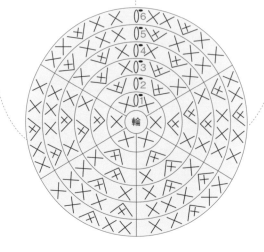

段	目数	目数の増減
13〜18	24	増減なし
12	24	6目減らす
10、11	30	増減なし
9	30	6目減らす
7、8	36	増減なし
6	36	
5	30	
4	24	毎段6目増す
3	18	
2	12	
1	6	輪の中に細編み

＼ POINT！／

うでやあしを2枚編ん
で大きさがそろわなか
ったら、ほどく前にもう
1枚編んで、大きさが
近い2枚を選びます。

鼻先
　□ =ブルーグレー

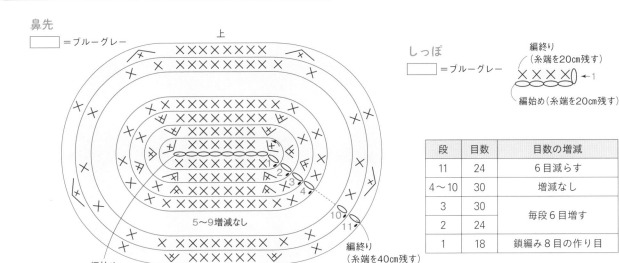

上

5～9増減なし

編始め

編終り（糸端を40cm残す）

しっぽ
　□ =ブルーグレー

編終り（糸端を20cm残す）
×××× ←1
編始め（糸端を20cm残す）

段	目数	目数の増減
11	24	6目減らす
4～10	30	増減なし
3	30	毎段6目増す
2	24	
1	18	鎖編み8目の作り目

あたま
　□ =ブルーグレー

編終り（糸端を5cm残す）

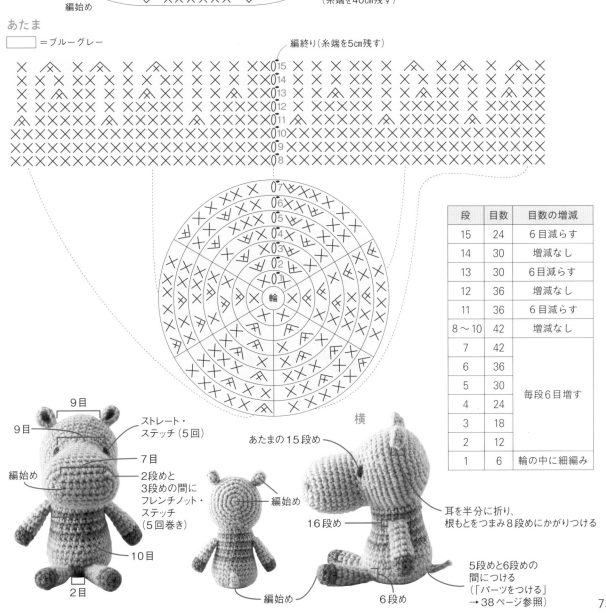

段	目数	目数の増減
15	24	6目減らす
14	30	増減なし
13	30	6目減らす
12	36	増減なし
11	36	6目減らす
8～10	42	増減なし
7	42	
6	36	
5	30	毎段6目増す
4	24	
3	18	
2	12	
1	6	輪の中に細編み

9目

9目

ストレート・ステッチ（5回）

7目

編始め

2段めと3段めの間にフレンチノット・ステッチ（5回巻き）

10目

2目

横

あたまの15段め

編始め

16段め

耳を半分に折り、根もとをつまみ8段めにかがりつける

5段めと6段めの間につける（「パーツをつける」→38ページ参照）

編始め

6段め

73

リング編みでしっぽを編む

指でループを作りながら細編みを編む、リング細編みを紹介します。

 リング細編み

わかりやすくするために糸の色を替えています。

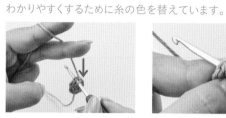

〈横から見たところ〉

うさぎのしっぽは、糸がループ状になるふさふさのしっぽ。これをリング編みで編みましょう。

1 頭目にかぎ針を入れ、人さし指にかかっている糸を中指で上から押さえます。

2 中指を編み地の裏に回して糸を押さえます。右の写真は横から見たところ。この中指で押さえる長さを一定にすることで、リング編みでできるループの大きさがそろいます。

〈裏側から見たところ〉

〈裏側から見たところ〉

3 中指で糸を押さえたまま細編みを編みます。

4 リング細編みが1目編めました。

5 中指を離すと裏側にリングができています。次の目も同様に編みます。

6 3目編み終えたところ。これを繰り返します。

たたみかがりでパーツをつける

うでやあしなどのパーツをたたみかがりでつける方法を紹介します。

わかりやすくするために糸の色を替えています。

うさぎ・ねこ・かばのうでやあしと、76ページのきつね・コアラのうではたたみかがりでつけます。

1 うでとあしを編み、編終りの糸は20cm残して切り、鎖どめをします。わたは先端にのみ詰めます。

2 残した糸端をとじ針に通し、**縫始めの処理をしてから**パーツのつけ位置の目を1段分すくいます。

3 パーツの最終段を半分に折りたたみ、糸が出ているところの隣どうしの2目分にとじ針を通して2の隣の目をすくいます。

4 1目分ずつ隣に移動しながらパーツの最終段の頭目とつけ位置の段を拾ってかがります。

5 最後の段の目を拾い、糸が出ているところにとじ針を戻して、**糸始末**をします。

あみぐるみ Q & A （その3）

Q 糸に結び目が
あったときは？

A 糸玉の中から結び目が出てきたときの対処法です。糸が途中でなくなったときは❸～❺の方法で糸を替えます。

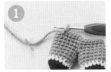

❶ 編み進めていたら結び目が出てきました。

❷ 結び目をはさみで切り落とします。

❸ **未完成の細編みの状態**で今まで編んできた糸端を手前に置き、これから編む糸で続きを編みます。

❹ 手前に置いておいた糸端を裏側に戻して休めておき、糸端は編みくるまずに、1段分編み、糸端どうしをからめて2回結びます。

❺ 結び目から1cmほど残して糸を切ります。

かぎ針編みの基礎

鎖編み 	 **❶** 糸にかぎ針をかけ、かぎ針にかかったループから引き出します。	 **❷** これを繰り返します。		
細編み 	 **❶** 前段の頭目にかぎ針を入れます。	 **❷** 糸にかぎ針をかけ引き出し、さらに糸にかぎ針をかけます。	 **❸** かぎ針にかかった2本のループの中を通して一度に引き抜きます。	
中長編み 	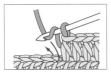 **❶** 糸にかぎ針をかけ、前段の頭目にかぎ針を入れます。	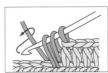 **❷** 糸を引き出し、糸にかぎ針をかけます。	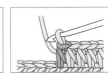 **❸** かぎ針にかかった3本のループの中を一度に引き抜きます。	
長編み 	 **❶** 糸にかぎ針をかけ、前段の頭目にかぎ針を入れます。	 **❷** 糸を引き出し、糸にかぎ針をかけて2本のループの中を引き抜きます。	 **❸** さらに糸にかぎ針をかけて残りの2本のループの中を一度に引き抜きます。	

LESSON 6

あし2本から編む

まずあしを1本編み、もう1本を編み終わるときに
2本のあしを編みながらつなげてからだを編みます

きつね・コアラ

あし2本からからだを編むところと、うでの編み図は共通です。
うではLESSON5と同様に編み、たたみかがりでつけます。

作り方 ➡ きつね：78ページ　コアラ：82ページ　どんぐり／葉：95ページ
サイズ　きつね・コアラ：縦14cm×横8cm（耳は含まない）
　　　　葉：長さ6cm×横3cm　どんぐり：縦4cm×横3cm

きつね (76ページ)

詳しい作り方は**81**ページ参照

〈 使用糸 〉

ハマナカ アメリー
オレンジ (4) ···· 17g　オフホワイト (20) ···· 4g
黒 (52) ···· 2g

〈 その他の材料 〉

DMC ハッピーコットン
えんじ (791) ···· 50㎝
緑 (781) ···· 30㎝
手芸わた

〈 用具 〉

5/0号かぎ針

〈 作り方 〉

① あたまを編み、わたを詰めて絞りどめをする。
② 鼻もとを編み、わたを詰めながらあたまにかがりつける。
③ あしを2本編み、続けてからだを編む。
④ あしとからだにわたを詰めてあたまにかがりつける。
⑤ 胸もとを編んでからだにかがりつける。
⑥ 耳を編み、たたみかがりでつける。
⑦ うでを編み、先端にわたを詰めて、からだにたたみかがりでつける。
⑧ しっぽを編み、わたを詰めて絞りどめにし、からだにかがりつける。
⑨ 顔を刺繍する。

鼻もと

 =オレンジ　　=オフホワイト

段	目数	目数の増減
4	12	毎段2目増す
3	10	
2	8	
1	6	輪の中に細編み

編終り
（糸端を30㎝残す）

上

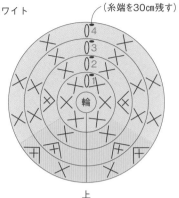

しっぽ

=オレンジ　　=オフホワイト

段	目数	目数の増減
15	5	毎段5目減らす
14	10	
6〜13	15	増減なし
5	15	5目増す
4	10	増減なし
3	10	5目増す
2	5	増減なし
1	5	輪の中に細編み

編終り
（糸端を20㎝残す）

7〜12増減なし

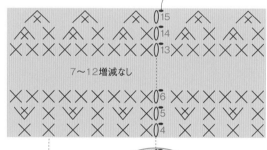

耳（2枚）

=オレンジ　　=黒

段	目数	目数の増減
5	12	増減なし
4	12	毎段3目増す
3	9	
2	6	増減なし
1	6	輪の中に細編み

編終り
（糸端を30㎝残す）

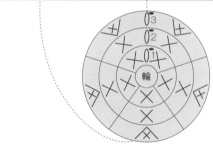

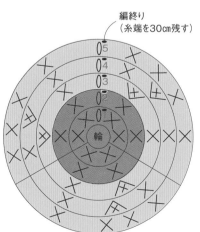

あたま

 =オレンジ 　□ =オフホワイト

からだをかがりつける位置

編終り（糸端を20㎝残す）

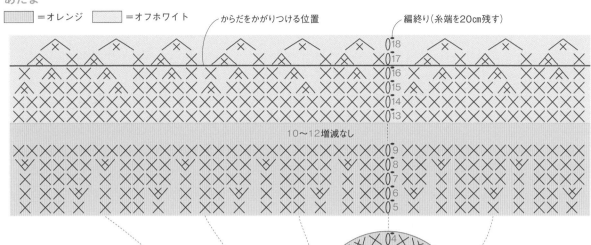

10〜12増減なし

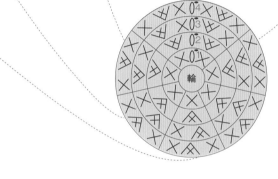

段	目数	目数の増減
18	9	毎段9目減らす
17	18	
16	27	
15	36	6目減らす
9〜14	42	増減なし
8	42	7目増す
7	35	増減なし
6	35	7目増す
5	28	増減なし
4	28	毎段7目増す
3	21	
2	14	
1	7	輪の中に細編み

LESSON ⑥ あし2本から編む

うで（2枚）

□ =オレンジ 　□ =オフホワイト
■ =黒

編終り
（糸端を20㎝残す）

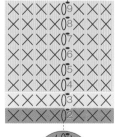

段	目数	目数の増減
2〜9	7	増減なし
1	7	輪の中に細編み

胸もと

□ =オフホワイト

編終り（糸端を40㎝残す）

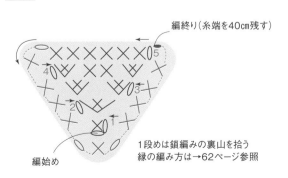

編始め

1段めは鎖編みの裏山を拾う
縁の編み方は→62ページ参照

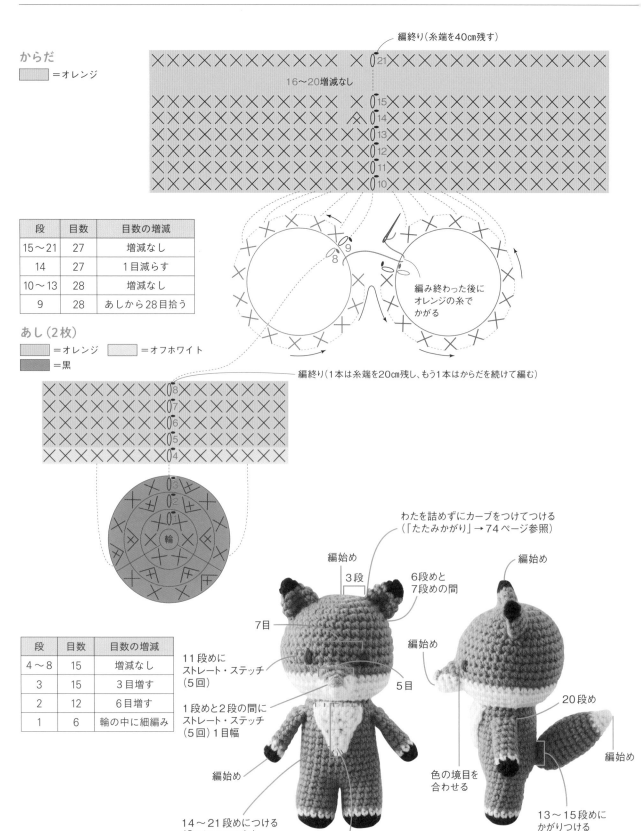

からだ

□ =オレンジ

編終り（糸端を40cm残す）

21

16〜20増減なし

15
14
13
12
11
10

段	目数	目数の増減
15〜21	27	増減なし
14	27	1目減らす
10〜13	28	増減なし
9	28	あしから28目拾う

9
8

編み終わった後に
オレンジの糸で
かがる

あし（2枚）

□ =オレンジ　□ =オフホワイト

■ =黒

編終り（1本は糸端を20cm残し、もう1本はからだを続けて編む）

8
7
6
5
4

3
2
1
輪

段	目数	目数の増減
4〜8	15	増減なし
3	15	3目増す
2	12	6目増す
1	6	輪の中に細編み

わたを詰めずにカーブをつけてつける
（「たたみかがり」→74ページ参照）

3段

6段めと
7段めの間

編始め

7目

編始め

5目

編始め

11段めに
ストレート・ステッチ
（5回）

1段めと2段の間に
ストレート・ステッチ
（5回）1目幅

編始め

編始め

20段め

色の境目を
合わせる

編始め

14〜21段めにつける
（「はねのつけ方」
→63ページ参照）

編始め

13〜15段めに
かがりつける

あし2本からからだを編む

あし2本から続けてからだを編む方法を紹介します。

きつねとコアラはあしを2本編んでおき、2本をつなげながらからだを編みます。

1 あしを2本編みます。輪の作り目から編み始め、8段めまで編みます。1本は編終りの糸を20㎝残して切り、鎖どめをします。もう1本は糸を切らずにおきます。

2 糸がついているほうのあしは9段めの14目めまで編みます。15目めは編まずに1目残しておきます。

3 もう1本のあしの1目めにかぎ針を入れて合体させます。糸端は外に出しておき、細編みを編みます。

4 これでもう1本のあしに糸が移動しました。

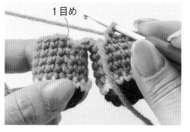

5 もう1本のあしを14目編み、最初のあしに戻って、1目めに引抜き編みをします。

6 2本のあしがつながりました。

7 10段めからは、増減なしでからだを編んでいきます。

8 股下は1目ずつつながっていない部分があるので、3で出しておいた糸端をとじ針に通して穴をかがります。

9 向かい合っている細編みの頭目をそれぞれとじ針で拾います。

10 同じ目にとじ針を戻し、編み地の裏側に出して糸を引きます。

11 穴がふさがりました。残った糸は**編み地の裏にする糸始末を**します。

コアラ （/6ページ）

詳しい作り方は**81**ページ参照

〈 使用糸 〉

ハマナカ アメリー
グレー (22) ···· 18g　こげ茶 (9) ···· 3g
ベージュ (21) ···· 1g

ハマナカ itoa あみぐるみが編みたくなる糸
白 (301) ···· 1g

〈 その他の材料 〉

DMC ハッピーコットン
青緑 (784) ···· 50cm

手芸わた

〈 用具 〉

5/0号かぎ針

〈 作り方 〉

① あたまを編み、わたを詰めて絞りどめをする。
② あしを2本編み、続けてからだを編む。
③ あしとからだにわたを詰めてあたまにかがりつける。
④ 耳と胸もとを編んであたまとからだにかがりつける。
⑤ 鼻を編み、わたを詰めてあたまにかがりつける。
⑥ うでを編み、先端にわたを詰めてたたみかがりでつける。
⑦ 顔を刺繍する。

鼻
 ＝こげ茶

編終り
（糸端を20cm残す）

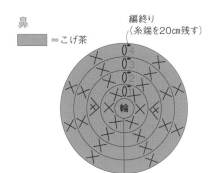

段	目数	目数の増減
3、4	8	増減なし
2	8	2目増す
1	6	輪の中に細編み

うで（2枚）

 ＝こげ茶　　 ＝ベージュ
 ＝グレー

段	目数	目数の増減
2～9	7	増減なし
1	7	輪の中に細編み

編終り
（糸端を20cm残す）

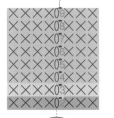

からだをかがりつける位置　　編終り（糸端を20cm残す）

10～13増減なし

あたま
 ＝グレー

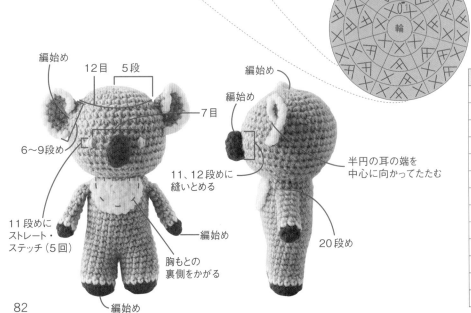

編始め
12目　5段
6～9段め
11段めに
ストレート・
ステッチ（5回）

7目

11、12段めに
縫いとめる

胸もとの
裏側をかがる

編始め

編始め

編始め

半円の耳の端を
中心に向かってたたむ

20段め

段	目数	目数の増減
18	9	
17	18	毎段9目減らす
16	27	
15	36	6目減らす
9～14	42	増減なし
8	42	7目増す
7	35	増減なし
6	35	7目増す
5	28	増減なし
4	28	
3	21	毎段7目増す
2	14	
1	7	輪の中に細編み

耳(2枚)

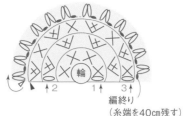

▓ =グレー　□ =白

編終り
（糸端を30cm残す）

胸もと

□ =白

⊲ 糸をつける
◀ 糸を切る

編終り
（糸端を40cm残す）

段	目数	目数の増減
4	24	縁編み
3	12	毎段4目増す
2	8	
1	4	輪の中に細編み

からだ

▓ =グレー

編終り（糸端を40cm残す）

16〜20増減なし

編み終わった後に
グレーの糸でかがる

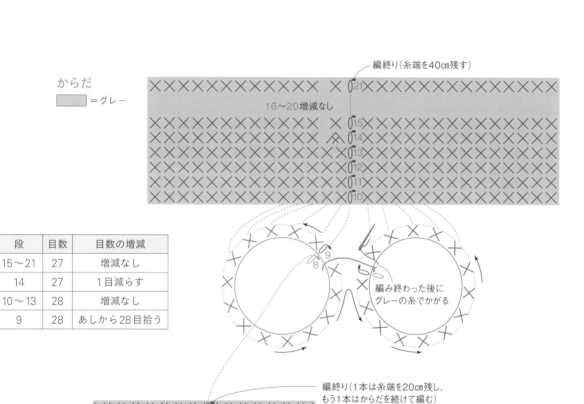

段	目数	目数の増減
15〜21	27	増減なし
14	27	1目減らす
10〜13	28	増減なし
9	28	あしから28目拾う

編終り（1本は糸端を20cm残し、
もう1本はからだを続けて編む）

あし(2枚)

▓ =グレー
▒ =ベージュ
▓ =こげ茶

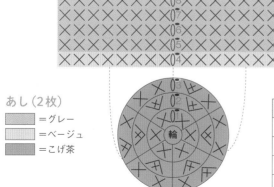

段	目数	目数の増減
4〜8	15	増減なし
3	15	3目増す
2	12	6目増す
1	6	輪の中に細編み

LESSON 7

4本あしで立たせる

今まで学んだテクニックを応用しながら編むことで、
4本あしでしっかり立つあみぐるみが作れます

こじか

あしからからだをつなげて編む方法や、
段の途中での色替えなど、
今までのテクニックの応用を使って作ります。

作り方 ➡	こじか：86ページ
	三角の木：92ページ
	丸い木：93ページ
サイズ	こじか：縦15cm×横14cm（奥行き）
	三角の木：高さ8cm×幅4cm
	丸い木：高さ5.5cm×幅4cm

アルパカ

白いループヤーンがもこもこのアルパカにぴったり。
あたまと首をつなげて作り、顔をかがりつけました。

作り方➡90ページ
サイズ　縦14cm×横13cm（奥行き）

こじか (84ページ)

詳しい作り方は88~89ページ参照

〈 使用糸 〉

ハマナカ アメリー
茶 (49) ···· 20g　ベージュ (21) ···· 7g

〈 その他の材料 〉

DMC ハッピーコットン
クリーム (787) ···· 70cm
水色 (786) ···· 50cm
えんじ (791) ···· 30cm
手芸わた

〈 用具 〉

5/0号かぎ針

〈 作り方 〉

① あしを4本編み、からだと首を編む。
② おなかを編み、絞りどめをする。
③ からだとあしから拾ってあたまを編み、
　 わたを詰めて絞りどめをする。
④ からだと首にわたを詰めて、あたまにかがりつける。
⑤ 耳としっぽを編んで、たたみかがりでつける。
⑥ 顔と背中の模様を刺繍する。

あし（前あし2枚、後ろあし2枚）

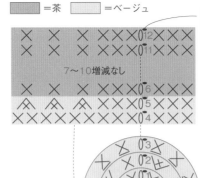

■=茶　□=ベージュ

編終り（3本は糸端を10cm残し、
後ろあし1本は糸を切らずに
続けてからだを編む）

7~10増減なし

※前あしは12段、
　後ろあしは11段まで編む

つま先

段	目数	目数の増減
(12)	(9)	(前あしのみ)
6~11	9	増減なし
5	9	3目減らす
4	12	増減なし
3	12	筋編み増減なし
2	12	4目増す
1	8	輪の中に細編み

あたま

■=茶　□=ベージュ

段	目数	目数の増減
20	7	
19	14	毎段7目減らす
18	21	
8~17	28	増減なし
7	28	毎段6目増す
6	22	
5	16	3目増す
4	13	4目増す
3	9	増減なし
2	9	3目増す
1	6	輪の中に細編み

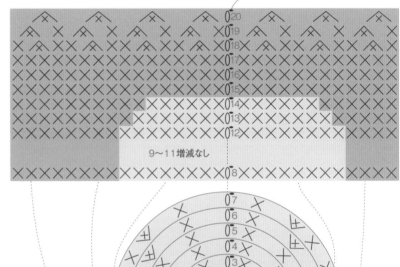

編終り（糸端を20cm残す）

9~11増減なし

上

編終り
（糸端を20cm残す）

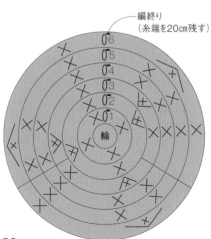

前

耳・しっぽ（3枚）

■=茶

段	目数	目数の増減
6	6	3目減らす
4、5	9	増減なし
3	9	3目増す
2	6	2目増す
1	4	輪の中に細編み

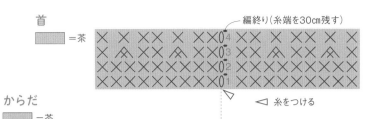

首
■ =茶

編終り（糸端を30cm残す）
▷ 糸をつける

段	目数	目数の増減
4	14	増減なし
3	14	4目減らす
2	18	増減なし
1	18	からだに糸をつける

からだ
■ =茶

編終り（糸端を40cm残す）
5〜10増減なし

段	目数	目数の増減
4〜11	47	増減なし
3	47	5目増す
2	42	増減なし
1	42	4本のあしから拾う

15目めに糸をつけ、首を編む
11段め
15目

おなか
■ =茶
▷ 糸をつける

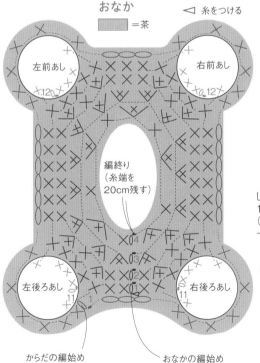

左前あし　右前あし
編終り（糸端を20cm残す）
左後ろあし　右後ろあし
からだの編始め（上に向かって編む）
おなかの編始め（下に向かって編む）

段	目数	目数の増減
4	10	5目減らす
3	15	15目減らす
2	30	8目減らす
1	38	からだとあしから拾う

正面　6目
1段めの上半分にストレート・ステッチ（5回）3目幅
1目
編始め
8段めと9段めの間にストレート・ステッチ（5回）
あたまの12〜16段めに首をつける（「あたまとからだをつなぐ」→61ページ参照）
ストレート・ステッチ（2回）
3目

耳はわたを詰めずに15段めにつける（「たたみかがり」→74ページ参照）
編始め
しっぽはわたを詰めずに11段めにつける（「たたみかがり」→74ページ参照）
編始め
10段めと11段めの間
3目　3目
8段めと9段めの間
2目
編始め

 の下部補足

LESSON ⑦ 4本あしで立たせる

4本のあしからからだと首を編む

あし4本から続けてからだを編む方法を紹介します。

1　あしを4本編みます。後ろあしの片方の糸は残し、残り3本は鎖どめをして糸始末をします。

2　4本のあしにしっかりとわたを詰めます。

3　後ろあし1本は11段めから続けて細編みを6目編みます。このあしが左後ろあしになります。

4　左前あしにつなげるための鎖編みを6目編みます。

5　左前あしの12段めの1目めの頭目にかぎ針を入れます。立上りの1目左です。

6　続けて左前あしの細編みを6目編みます。

7　右前あしにつなげるための鎖編みを3目編みます。

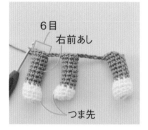

8　右前あしの立上りから4目めの細編みの頭目を拾って、さらに細編みを6目編みます。

9　右後ろあしにつなげるための鎖編みを6目編みます。

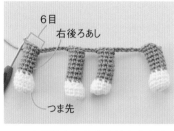

10　右後ろあしの立上りから4目めの頭目を拾って、さらに細編みを6目編みます。

11　右後ろあしと左後ろあしをつなげるための鎖編みを3目編み、左後ろあしの1目めの細編みの手前半目に引抜き編みをします。からだの1段めが編めました。

12　からだの2段めを増減なしで編みます。まず細編みを6目編みます。

13　7目めからは鎖編みの裏山を拾って細編みを編みます。

14　続けて細編みを編みます。

15　細編みを1周編み、からだの2段が編めました。

16 3段めは5目増し目をします。4段めからは増減なしで細編みを11段まで編みます。

17 からだの細編みが編み終わりました。編終りの糸は鎖どめをし、糸を40cm残して切ります。

14目

18 首は新しく糸をつけて編みます。11段めの15目めの頭目にかぎ針を入れ、新しい糸にかぎ針をかけます。

19 糸を引き出すと、新しく糸がつきました。

20 立上りの鎖編みを1目編み、首の1段めを編みます。

21 編始めの糸端は細編みを編むときに4～5目ほど編みくるみ、際で切ります。

22 首の細編みを18目編みます。

23 1目めの細編みの手前半目を拾います。

24 引抜き編みをします。首の1段めが編めました。

25 立上りの鎖編みを1目編み、首の2段めを編みます。続けて5段めまで編み、首が完成。

26 おなかは、後ろあしの間に新しく糸をつけて中心に向かって編みます。絞りどめをして糸始末をします。

わた

27 わたを詰め、背中をとじます。17で残した糸端をとじ針に通し、縫始めの処理をします。

28 向かい合う細編みの頭目の外側半目を順番に拾い、せなかをかがってとじます。

29 最後は首の根もとの目を拾います。

30 もう一度、右側の最後にとじ針を入れたところに戻し、遠くに出して糸始末をします。

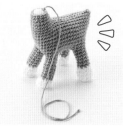

31 こじかのからだとあしと首が完成。あたまは別に編み、わたを詰めて絞りどめをしてから、からだとつなぎます。

アルパカ (85ページ)

〈 使用糸 〉

DMC ブークレット (BOUCLETTE)
アルバートルホワイト (01) …… 24g

DMC ハッピーコットン
ベージュ (773) …… 4g

〈 その他の材料 〉

DMC ハッピーコットン
水色 (786) …… 50cm
茶 (777) …… 30cm

手芸わた

〈 用具 〉

5/0号かぎ針

〈 作り方 〉

① からだを編み、わたを詰めて絞りどめをする。
② 首を編み、わたを詰めてからだにかがりつける。
③ あしを4本編み、わたを詰めてからだにかがりつける。
④ 顔を編み、わたを詰めてあたまにかがりつける。
⑤ 耳としっぽを編んで、かがりつける。
⑥ 顔に目と鼻を刺繍する。

耳(2枚)

▨ =ベージュ

しっぽ

▨ =アルバートルホワイト

編終り
（糸端を20cm残す）

←1

編始め
（糸端を20cm残す）

顔

▨ =ベージュ　　□ =アルバートルホワイト

編終り（糸端を
30cm残す）

手前を拾う
筋編み

編終り
（糸端を20cm残す）

段	目数	目数の増減
6	18	増減なし
5	18	4目増す
4	14	5目増す
3	9	増減なし
2	9	3目増す
1	6	輪の中に細編み

首

□ =アルバートルホワイト

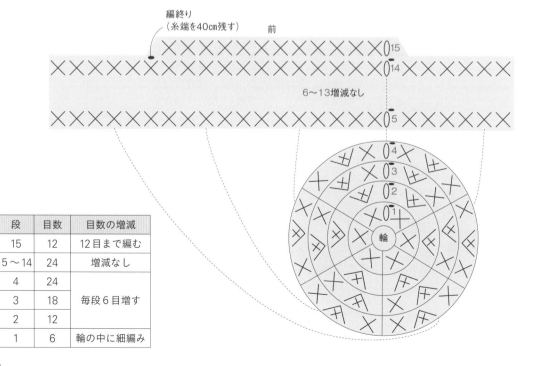

編終り
（糸端を40cm残す）

前

6〜13増減なし

段	目数	目数の増減
15	12	12目まで編む
5〜14	24	増減なし
4	24	毎段6目増す
3	18	
2	12	
1	6	輪の中に細編み

からだ

 ＝アルバートルホワイト

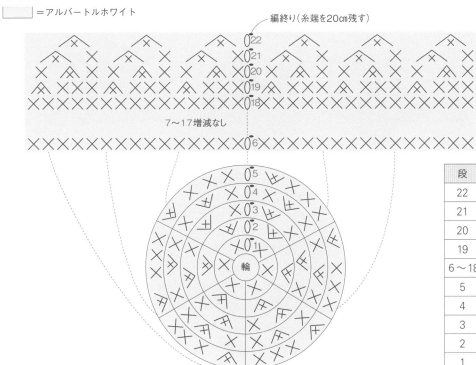

編終り（糸端を20cm残す）

7〜17増減なし

段	目数	目数の増減
22	6	
21	12	毎段6目減らす
20	18	
19	24	
6〜18	30	増減なし
5	30	
4	24	毎段6目増す
3	18	
2	12	
1	6	輪の中に細編み

あし（4本）

 ＝ベージュ　 ＝アルバートルホワイト

編終り（糸端を30cm残す）

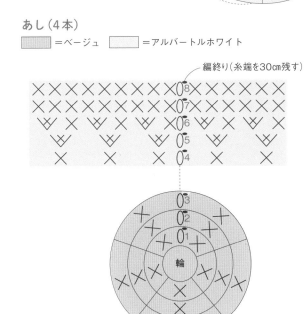

段	目数	目数の増減
7、8	15	増減なし
6	15	毎段5目増す
5	10	
2〜4	5	増減なし
1	5	輪の中に細編み

フライ・ステッチの刺し方

①出　③出　②入　④入

4段めにつける（「パーツをつける」→38ページ参照）

茶でフライ・ステッチ 1目幅

4段めと5段めの間に水色でストレート・ステッチ（3回）

4段めと5段めの間

3〜8段め

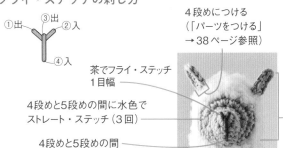

6目

編始め

編始め

首の3〜8段めの間に顔をかがりつける（「くちばしをつける」→63ページ参照）

8段めと9段めの間

19段めと20段めの間につける（「パーツをつける」→38ページ参照）

編始め

前

首とあしはわたを詰めてかがりつける（「くちばしをつける」→63ページ参照）

編始め

あしの間は2目あける

編始め

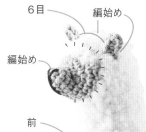

クローバー・ミニクローバー (33ページ)

〈使用糸〉
DMC ハッピーコットン
a うす緑 (780) ···· 1g
b 緑 (781) ···· 1g
DMC 25番刺繍糸
c うす緑 (702) ···· 150㎝
d 緑 (910) ···· 150㎝

〈用具〉
5/0号かぎ針 (a・b)
2/0号かぎ針 (c・d)

〈作り方〉
① 輪の作り目を作って【鎖編み2目・引抜き編み】を
　4回繰り返す。
② 輪の作り目を引き絞る。
③ 茎を鎖編みで編み、引抜き編みで編始めまで戻る。
④ 1段めの鎖編み2目を束に拾って、葉を編む。

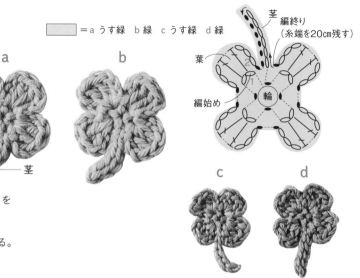

□ =a うす緑　b 緑　c うす緑　d 緑

葉

茎

茎
編終り
（糸端を20㎝残す）

葉

編始め

輪

a

b

c

d

三角の木 (45・84ページ)

〈使用糸〉
ハマナカ アメリー
a 緑 (14) ···· 4g
　オレンジ (4) ···· 1.5g
b 深緑 (34) ···· 4g
　茶 (50) ···· 1.5g

〈その他の材料〉
手芸わた

〈用具〉
5/0号かぎ針

〈作り方〉
① 葉を編み、わたを詰めて
　絞りどめをする。
② 幹を編み、わたを詰めて
　葉にかがりつける。

葉（a・b共通）
□ =a 緑　b 深緑

編終り（糸端を20㎝残す）

段	目数	目数の増減
16	10	毎段10目減らす
15	20	
14	30	増減なし
13	30	毎段3目増す
12	27	
11	24	
10	21	
9	18	増減なし
8	18	3目増す
7	15	増減なし
6	15	3目増す
5	12	増減なし
4	12	3目増す
3	9	増減なし
2	9	3目増す
1	6	輪の中に細編み

輪

幹（a・b共通）
□ =a オレンジ　b 茶

編終り
（糸端を30㎝残す）

輪

段	目数	目数の増減
4～6	11	増減なし
3	11	筋編み5目減らす
2	16	8目増す
1	8	輪の中に細編み

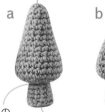

編始め

a

b

編始め

幹の残した糸で葉の
15段めと16段めの間に
かがりつける

92

ハート （44ページ）

〈 使用糸 〉

大 ハマナカ アメリー
　 ピンク (27) …… 3g

小 ハマナカ アメリーエフ《合太》
　 えんじ (509) …… 2g

〈 その他の材料 〉

手芸わた

〈 用具 〉

大 5/0号かぎ針

小 4/0号かぎ針

〈 作り方 〉

① パーツAを編み、糸を
　 20cm残して切り、鎖ど
　 めをする。

② 同様にパーツBを編み、
　 5段めからは途中でA
　 の最後の段の頭目を
　 拾って編む。

③ わたを入れてハートの
　 下端を絞りどめにする。

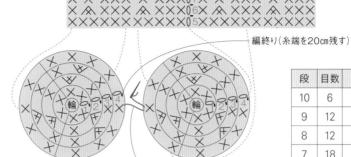

編終り（糸端を20cm残す）

編終り（糸端を20cm残す）

パーツA　　パーツAの残しておいた　　パーツB
　　　　　糸でかがって糸始末をする

編始め

大

小

段	目数	目数の増減
10	6	6目減らす
9	12	増減なし
8	12	6目減らす
7	18	増減なし
6	18	4目減らす
5	22	AとBをつなげる
4	12	増減なし
3	12	毎段3目増す
2	9	
1	6	輪の中に細編み

丸い木 （45・84ページ）

〈 使用糸 〉

ハマナカ アメリー

a うぐいす (33) …… 4g
　 茶 (49) …… 1g

b 黄緑 (13) …… 4g
　 うす茶 (8) …… 1g

〈 その他の材料 〉

手芸わた

〈 用具 〉

5/0号かぎ針

〈 作り方 〉

① 葉を編み、
　 わたを詰めて絞りどめをする。

② 幹を編み、わたを詰めて葉に
　 かがりつける。

葉（a・b共通）　　□ ＝a うぐいす　b 黄緑

編終り（糸端を20cm残す）

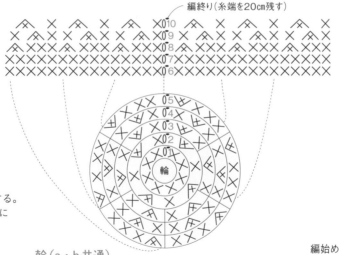

段	目数	目数の増減
10	12	毎段6目減らす
9	18	
8	24	
6、7	30	増減なし
5	30	毎段6目増す
4	24	
3	18	
2	12	4目増す
1	8	輪の中に細編み

幹（a・b共通）

■ ＝a 茶　b うす茶

編終り（糸端を30cm残す）

a

b

幹の残した糸で
葉の10段めに
かがりつける

編始め

編始め

段	目数	目数の増減
5、6	7	増減なし
4	7	4目減らす
3	11	筋編み5目減らす
2	16	8目増す
1	8	輪の中に細編み

さかな (56ページ)

〈 使用糸 〉
ハマナカ アメリー
うすグレー (1) …2g
ブルーグレー (29) …1g
青 (16) …1g
水色 (45) …1g

〈 その他の材料 〉
手芸わた

〈 用具 〉
5/0号かぎ針

〈 作り方 〉
① 本体を編み、わたを詰めて尾の部分をたたんでかがる。

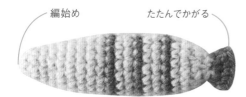

編始め　たたんでかがる

編終り(糸端を20cm残す)

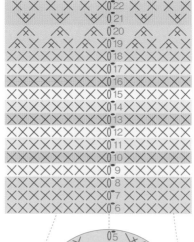
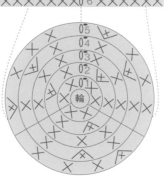

■ =うすグレー
□ =ブルーグレー
■ =青
□ =水色

段	目数	目数の増減
22	10	増減なし
21	10	5目増す
20	5	毎段5目減らす
19	10	
6〜18	15	増減なし
5	15	毎段3目増す
4	12	
3	9	増減なし
2	9	3目増す
1	6	輪の中に細編み

いちご (57ページ)

〈 使用糸 〉
ハマナカ itoa
あみぐるみが編みたくなる糸
赤 (306) …2g
緑 (311) …1g
白 (301) …50cm

〈 その他の材料 〉
手芸わた

〈 用具 〉
4/0号かぎ針

〈 作り方 〉
① 実を編み、わたを詰めて絞りどめをする。
② へたを編む。
③ へたの残した糸端でへたを実の編終りにつけ、同じ糸端でへたの先を5か所かがりつける。
④ 種を1本どりのストレート・ステッチで刺繍する。

実　■ =赤

編終り(糸端を20cm残す)

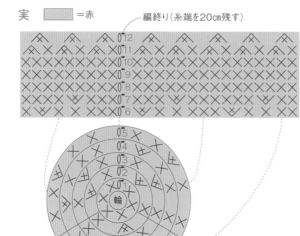

段	目数	目数の増減
12	8	毎段8目減らす
11	16	
8〜10	24	増減なし
7	24	毎段3目増す
6	21	
5	18	
4	15	
3	12	
2	9	
1	6	輪の中に細編み

へた
■ =緑

編終り
(糸端を30cm残す)

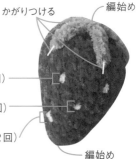

かがりつける
編始め

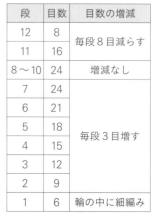

8段めに4〜5目おきに
ストレート・ステッチ(2回)

6段めに3〜4目おきに
ストレート・ステッチ(2回)

4段めに3〜4目おきに
白でストレート・ステッチ(2回)

編始め

どんぐり （76ページ）

〈 使用糸 〉
ハマナカ アメリーエフ《合太》
a こげ茶 (519) ⋯ 2g
　　山吹色 (503) ⋯ 1g
　　うす茶 (520) ⋯ 1g
b こげ茶 (519) ⋯ 2g
　　オレンジ (506) ⋯ 1g
　　うす茶 (520) ⋯ 1g

〈 その他の材料 〉
手芸わた

〈 用具 〉
4/0号かぎ針

〈 作り方 〉
① 実を編み、わたを詰めて絞りどめをする。
② 帽子を編み、茎を編んで帽子につける。
③ 帽子を実にかがりつける。

帽子

▨ ＝a・b こげ茶
▢ ＝a 山吹色　b オレンジ

段	目数	目数の増減
4～6	18	増減なし
3	18	毎段6目増す
2	12	
1	6	輪の中に細編み

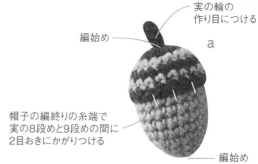

編終り
（糸端を30cm残す）

茎

▨ ＝a・b こげ茶

編終り
（糸端を20cm残す）

←1

編始め
（糸端を20cm残す）

茎は残した糸端で
実の輪の
作り目につける

編始め

帽子の編終りの糸端で
実の8段めと9段めの間に
2目おきにかがりつける

編始め

a

b

実

▢ ＝a・b うす茶

編終り
（糸端を20cm残す）

6～9増減なし

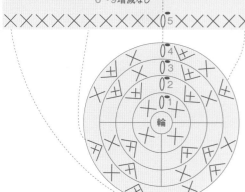

段	目数	目数の増減
11	9	9目減らす
5～10	18	増減なし
4	18	6目増す
3	12	毎段4目増す
2	8	
1	4	輪の中に細編み

葉 （76ページ）

〈 使用糸 〉
ハマナカ アメリー
深緑 (34) ⋯ 1g　黄緑 (13) ⋯ 2m

〈 用具 〉
5/0号かぎ針

〈 作り方 〉
① 茎を編む。
② 新しく糸をつけて葉を編む。

葉
▨ ＝深緑
茎
▢ ＝黄緑

◁ 糸をつける
◀ 糸を切る

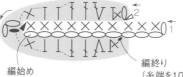

編始め
（糸端を10cm残す）

編終り
（糸端を10cm残す）

新しく糸をつけて
葉を編む

編始め

95

いちかわみゆき　Ichikawa Miyuki

あみぐるみ作家。1998年に編みものを覚え、1999年より作家活動を開始。手芸教本、教材用の基礎テクニックをベースとする作品提案、広告媒体など幅広く手がける。あみぐるみを編むことの楽しさ伝えるため、作家としてだけでなく講師活動も行なう。日本あみぐるみ協会代表理事。『どうぶつあみぐるみ』（文化出版局刊）など著書多数。

🧶 糸提供

糸の情報は2021年12月現在のものです。

パピー（ダイドーフォワード）
tel.03-3257-7135
puppyarn.com

ハマナカ
tel.075-463-5151（代表）
hamanaka.co.jp

DMC
tel.03-5296-7831
dmc.com

🧶 道具提供

日本あみぐるみ協会
tel.03-3468-2147
amigurumi.jp

🧶 撮影協力

AWABEES
UTUWA

🧶 staff

撮影／福井裕子
ブックデザイン／加藤美保子
デジタルトレース／小池百合穂
校閲／向井雅子
編集／佐々木純子
　　　三角紗綾子（文化出版局）

7つのLESSONでたのしく学べる
あみぐるみ基本のきほん

2021年 12月 19日　第1刷発行
2024年　9月 30日　第5刷発行

著　者	いちかわみゆき
発行者	清木孝悦
発行所	学校法人文化学園 文化出版局
	〒151-8524
	東京都渋谷区代々木 3-22-1
電話	03-3299-2487（編集）
	03-3299-2540（営業）
印刷・製本所	株式会社文化カラー印刷

©Miyuki Ichikawa 2021　Printed in Japan
本書の写真、カット及び内容の無断転載を禁じます。

文化出版局のホームページ https://books.bunka.ac.jp/